願うなら、それは夢ではない

イスラエル建国の歴史物語

河合一充 著

ミルトス

まえがき

なぜ今、イスラエル建国の話なのか。

様々な難問が押し寄せる二十一世紀に生きる人々に、特に若者の世代に、イスラエルの建国精神から学ぶものが多くあると信じるからである。

イスラエルというと、日本では戦争をイメージする人が少なくない。そして、誤解と非難がつきまとう。実際には、真実が知られていないためである。世界の焦点の一つであるイスラエルを正しく理解しておくことは、日本人に有益だと思う。

一九四八年、二千年ぶりにユダヤ民族が父祖の地に独立した国、イスラエル。世界のだれもが、ユダヤ人自身すらも信じられなかった出来事だった。それで、二十世紀の歴史における奇跡とも言われるのである。

しかし、国は突然に出来たわけではない。それ以前に一〇〇年以上の開拓の歴史があった。国を失って世界を流浪してきたユダヤ人が、帰ってきて、不毛の大地を耕して荒野を緑に変え、共同体をつくり、いろいろの障害を乗り越えて、独立を達成したのである。

ユダヤ人のこの祖国再建運動はシオニズムという名で知られている。シオニズムは、単なる近代的な民族主義運動の定義に収まらない。社会主義の労働シオニズムから、民族の信仰、ユダヤ教の宗教シオニズムまで、多様な思想、また実践があった。また、多彩な人々が参加した。

本書は、体系的にシオニズムの思想や歴史を述べたものではない。むしろ、血と涙のある人間の具体的な生き方と行動の物語として歴史を紹介するほうが、分かりやすい。イスラエル建国に献身した人々は、多くが名も無き若者たちであった。したがって、本書はユダヤの理想に燃えて命を献げた青春群像の物語である。明治維新の歴史をもつ日本人には、彼らの志と行動は共感しやすいであろうと信じる。

本書に選んだ人物はごく一部であり、本書に書き切れなかった、より重要な人物もいることは言うまでもない。著者の意図は、むしろよく知られていない人に光を当てようとした点にある。彼らの開拓の心意気を知っていただけたら、幸いである。

イスラエル建国の歴史物語——願うなら、それは夢ではない／目次

まえがき　1
1章　風車と「希望の門」――モンテフィオーレ卿の同胞愛　9
2章　ヘブライ語の復活――エリエゼル・ベン・イェフダーの独創　21
3章　謎の援助者――ロスチャイルド男爵の贖いへの貢献　37
4章　願うなら、それは夢ではなくなる――建国の父ヘルツェルの預言　47
5章　若者よ、大地に帰ろう――第二アリヤーの開拓者たち　63
6章　労働シオニストの聖者――アーロン・ダヴィッド・ゴルドン　79
7章　知られざる勇気と犠牲――スパイ組織「ニリ」をつくったアーロンソン兄妹　89
8章　祖国のために死ぬことは、素晴らしいこと――ユダヤ戦士トゥルンペルドール　103
9章　テルアビブ　砂丘に生まれた未来都市――無から有を生んだ六十家族　117
10章　愛国者ベギンの血と涙――反英レジスタンスの戦士　139

11章　建国の歴史の「星の時間」——ワイツマンとベングリオンとその時　157
12章　闇に輝く光——ハンナ・セネッシュの愛と勇気　173
13章　キリスト教徒とシオニズム——親ユダヤの知られざる系譜　185
14章　女性労働シオニストの献身——ゴルダ・メイアの原風景　201
15章　米国最大のシオニスト組織ハダッサの母——ヘンリエッタ・ソールドの生涯　215
16章　宗教シオニズムの系譜——聖と俗の架け橋、ラビ・アブラハム・クック　229
〔補足〕ある過激アラブ民族主義者の生涯——ハジ・アミン・アル・フセイニーについて　247
あとがき　256
用語解説　259
イスラエル建国史　略年表　262
索引　270

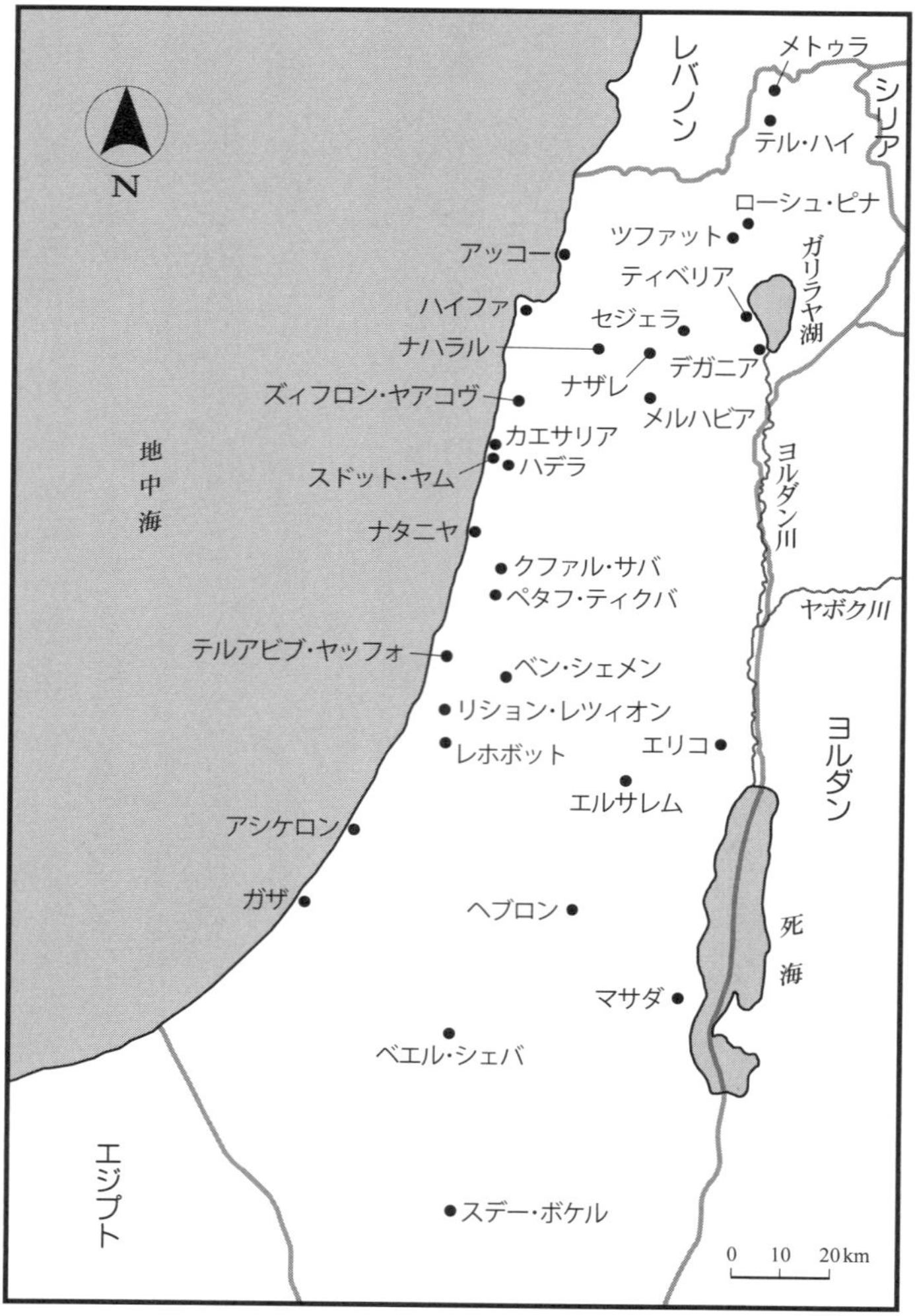

N
地中海
レバノン
シリア
メトゥラ
テル・ハイ
ローシュ・ピナ
ツファット
アッコー
ガリラヤ湖
ティベリア
ハイファ
セジェラ
ナハラル
デガニア
ナザレ
ズィフロン・ヤアコヴ
メルハビア
カエサリア
ヨルダン川
スドット・ヤム
ハデラ
ナタニヤ
クファル・サバ
ペタフ・ティクバ
ヤボク川
テルアビブ・ヤッフォ
ベン・シェメン
リション・レツィオン
ヨルダン
レホボット
エリコ
エルサレム
アシケロン
ガザ
ヘブロン
死海
マサダ
ベエル・シェバ
エジプト
スデー・ボケル
0 10 20km

イスラエル建国の歴史物語——願うなら、それは夢ではない

1章　風車と「希望の門」

——モンテフィオーレ卿の同胞愛

イェミン・モーシェの風車

エルサレムの旧市街を囲む城壁が見渡せる丘（今は新市街の中の小さな、きれいな公園）に、風車小屋が立っている。よく知られたランドマークである。丘と城壁の間はヒンノムの谷が横たわり、その谷に向かって斜面の半部くらいまで赤い屋根の家々が占めている。イエミン・モーシエ地区という、美しい高級住宅地である。

風車は、一説には造られて以来、風力不足で一度も回ったことがないという。いや、せっせと小麦粉を碾《ひ》いて、ちゃんと働いたらしいという説もある。十九世紀の中頃建った風車小屋で、風車が動いたかどうかは伝説の域に入って、よく分からない。しかし、モンテフィオーレの風車と呼ばれるこの風車小屋は、イスラエルの建国の歴史をじっと見守ってきたのは確かである。

シオニズムの夜明け前

建国の歴史の始まりをいつとしたらよいだろうか。ユダヤ人は、二千年前に国を失ったときから、父祖の地に帰ることを、日毎の祈りのなかで願ってきた。だから、建国史はずっと続いたと考えてもいいわけだ。しかし、ユダヤ人は神がメシアを遣わして国を再興してくれることを待つことにした。人間の力で国をつくるのを神への冒瀆《ぼうとく》とすら思ったので、建国への具体的努力は一切なかった。

国への考え方が変わったのは、十九世紀の中頃からで、目立たないところから始まり、先駆者の大胆な思想と行動が生まれてきたのである。ユダヤ民族が父祖の地に帰還して、祖国を再建する運動はシオニズムと呼ばれる。

シオンとは、聖書の中でエルサレムと同義語で用いられ、やがてユダヤ民族の郷土イスラエルそのものを意味するようになった。（シオンは現在の「シオンの丘」とは無関係。

元来はダビデ王が攻め取った城塞をさした）

このシオニズムという用語は、やっと一八九〇年にウィーンのユダヤ思想家ナタン・ビルンバウムが考案したもので、一八九六年にテオドール・ヘルツェルが『ユダヤ人国家』の中で使って、ユダヤ人の近代民族主義運動を表現する用語として定着した。

事実は、このシオニズム、あるいはシオニストという言葉が生まれる以前に、国をつくるという意識もないままに、ユダヤ人の国造りは実際に始まっていた。

その夜明け前の歴史をお話ししたいと思う。

眠れるオスマン・パレスチナ

二百年前の十九世紀の中東、特にパレスチナあたりはヨーロッパと違って長い眠りに就いていた。オスマン・トルコ帝国の広大な領土の辺境で、人口も減少し、土地は荒れ果て、取り立てた産業もなく、アラブ人の小さな村が点在していた程度だった。ただし、古代から名の知られた都市（町といったほうがいいかもしれない）は幾つか生き残り、昔ながらの生活が続いていた。

たとえば、エルサレム、ヘブロン、北のティベリア、ツファットなどには、ユダヤ人が暮らしていた。十九世紀のユダヤ人は、伝統に従って生き、みなユダヤ教徒といってもいい。それらは宗教的な聖地で、住む人々は聖地を守る気持ちであった。

エルサレムは城壁の中に、イスラム教徒、ユダヤ人、クリスチャンが住み分けて暮らしていた。ただし、城外には人は住んでいなかった。盗賊が徘徊《はいかい》して、危険であったからだ。ユダヤ人は、生活は貧しく、ほぼ外国のユダヤ人の施し（ハルカーという）で暮らし、もっぱら聖書やタルムードなどの研究と祈りをしていた。

この何世代も続いた聖地のユダヤ人の特異な「寄生」生活を破ったのは、一人の敬虔なイギリスのユダヤ教徒だった。その人の名は、モーゼス・モンテフィオーレという。

モンテフィオーレ卿の横顔

モーゼス・
モンテフィオーレ

モーゼス・モンテフィオーレ（一七八四〜一八八五年）は、イタリアで生まれ、両親と共に、イギリスに渡り、事業を興し、「株の仲買人」としてロンドンで成功した。彼はジュディス・コーヘンと結婚したが、妻の妹ハンナ・コーヘンが英国ロスチャイルド家の当主ネイサン（ナタン）・ロスチャイルドの妻であったので、ネイサンと義兄弟になった。当然、ロスチャイルド家の株仲買人として働き、共同でいろいろの新会社を興したりした。

ネイサン・ロスチャイルドは、ナポレオン戦争の際に、巨額の富を稼いだというので有名である。しかし、ロスチャイルド家は、正統派ユダヤ教の信仰に篤く、国家や慈善のために金を惜しまず、同時にユダヤ民族の擁護者の役を果たしたので、ユダヤ系のゆえに世間から疎外されることはなかった。

モンテフィオーレは、四十歳になると、公共の福祉のために、また世界の貧しいユダヤ人同胞を助けるために、生涯を捧げようと願って、ビジネスから引退した。

一八三七年には、名誉あるロンドン・シティ行政長官に任ぜられ、ヴィクトリア女王より貴族に叙せられた。ヴィクトリア女王は彼の友人となり、女王がユダヤびいきとなったのも彼の人格の感化によるといわれる。

ネイサン・
ロスチャイルド

サー・モンテフィオーレ（日本では、モンテフィオーレ卿）と呼ばれたが、英国貴族という身分をユダヤの同胞のために利用した。

実際、彼は、世界各地に旅をして、ユダヤ人救援の手を差し伸べることに努力した。一八四〇年のダマスカス・ユダヤ人迫害（血の中傷事件）の折には、トルコ政府と折衝した。ほかにも、ユダヤ人救済のために、ローマ、ロシア、モロッコ、ルーマニアの政府にも働きかけた。

パレスチナ・ユダヤ人への貢献

パレスチナの聖地には、辛苦に満ちた船と馬車の旅ではあったが、モンテフィオーレ卿は生涯七度も訪ねている。時には、妻を同伴していた。最初の訪問は一八二七年で、エルサレムは数日間の滞在であったが、非常な感銘を受けた。彼の宗教生活上でも、転換点となって、以後は厳格におきてを守る敬虔なユダヤ教徒に変わった。同時に、エルサレムのユダヤ人の実情に深く同情したのである。

エルサレムのユダヤ人が、昔ながらの因習的な生活を送っているとき、世界に目の開かれたモンテフィオーレ卿は、まず彼らが自ら働いて生計を立てるようにと、考えた。何回か視察し、印刷工房（一八四二年）や紡績工場（といっても、ワークショップほどの規模。一八五四年）を建てた。また、ユダヤ人が農業をできるようにと土地を購入しようとしたが、トルコ政府に阻《はば》まれた（これは、非イスラム教徒への土地の売買禁止令があったためである）。医療施設として、医師を遣わして診療所をつくった（一八四三年）のも、彼の試みの一つだった。

風車は米国ユダヤ人の贈り物

風車は、そのようなモンテフィオーレ卿の働きを象徴している話である。きっかけは、米国ニューオーリンズのユダ・トゥーロというユダヤ人が、エルサレムの同胞のために使ってほしいと、遺言に五十万ドルを寄贈する旨を残し、その管財人にモンテフィオーレを指名したことである。それほど博愛家としての名が知れ渡っていたわけである。この寄付金は、米国ユダヤ人の聖地への献金として最初の名誉を担った。

モンテフィオーレは、産業開発のために使うのが良いと考えた。

それと共に、もう一つのアイデアが浮かんだ。過密な住環境で不衛生の状態にあるにもかかわらず、だれもエルサレムの旧市街から城壁を越えて移り住もうとはしていない。そこで、彼は城壁の外に住居を建設し、風車小屋を建てて製粉事業をやらせようとした。

一八六〇年に住居と風車は、完成した。今、ミシュケノット・シャアナニームと呼ばれる建物である。二十八部屋とシステン（水を貯める施設）、ミクヴェ（宗教上の沐浴場）を備えていた。

最初は、人々は城外に移り住むことを恐れたが、一八六一年には城内でコレラが流行し、疫病のほうが盗賊よりももっと恐ろしいというわけで、城外に移り住み始めた。

メア・シェアリームの由来

約十年後の一八七三年、熱心な宗教家のグループが城外に移り住んで、メア・シェアリーム地区が生まれた。彼らは、十九世紀の初めに移住してきた熱心な正統派ユダヤ教徒であった。東欧のユダヤ共同体で指導したタルムード学者、ヴィルナのガオンという偉大なラビの遺言で、五百人以上で聖地に帰還した人々であった。近代シオニズム運動の最初の帰還者ともいわれている。ただし、後の入植者とは目的が違って、宗教的理由で帰ってきたので、無視されたりもする。メア・シェアリームに新市街を創設した人々は、当時としては最も進歩的な考えの持ち主と言えた。現在では、そこの住民がもっとも古い伝統習慣に固執している集団と見られているとは、皮肉である。

風車の建つ付近も、やがて次々と家が建ち並んで、イエミン・モーシエ地区として町に発展した。風車は回らないが、独立戦争の時は、イスラエル軍の監視塔の役目をし、イギリス軍に攻められ、あるいはヨルダン軍の標的になる。独立戦争から六日戦争まで（一九四八～六七年）、国境つまり休戦ラインのすぐ側に位置することになったイエミン・モーシエ地区は人が住めなくなった。しかし、六日戦争後、立派に回復して、芸術家の町になった。今は、アーティストも住めないほどの高級住宅地で、モンテフィオーレ卿もびっくりしていることと思う。

モンテフィオーレ卿の行なったことは、たとえ動かない風車であっても、偉大な事業であった。歴史を動かしたのである。

彼は、ユダヤ民族のために資産と生涯を捧げ、博愛主義者として百歳の天寿を全うして、一八八五年、逝去した。

ペタフ・ティクバ――最初の入植運動

海外から入植者が来る前に、エルサレムのユダヤ人の中からも、ハルカー（海外からの慈善、施し）に頼る生活を止めて、イスラエルの大地を耕して農業で自活することを志す人々が現れた。

呼びかけ人はヨエル・モーシエ・サロモンというユダヤ教徒で、彼に共鳴したラビ・ヨシュア・スタンファー、ラビ・ダヴィッド・グットマンという宗教家たちが、最初の入植運動として、「土を耕し、地を贖《あがな》おう」という組織をエルサレムにつくった。土地を取得するのは、資金面以外にもトルコ政府の許可が要って、大変難しい。

エリコに近いアコルの谷という地名が聖書に載っている。ホセア書二章一七（一五）節に「その所でわたしは彼女（イスラエル）にぶどう畑を与え、アコルの谷を希望の門として与える」という預言の言葉がある。今こそ自分たちで、希望の門を開きたい。その思いでアコルに土地を購入したが、トルコ政府に反対されて、そこへの入植は不可能になった。

次に、ヤッフォから数キロ北のヤルコン川沿いの湿地帯を手にした。今度は許可は問題なかったが、マラリアなど猖獗《しょうけつ》するヤルコン川は水も毒を含んでいた。人や野の獣も住める場所ではない。そこから移動して、一つのアラブ村の近くに高台を見つけ、新しい土地を開墾することにした。一八七八年のことである。

家族はエルサレムから呼び寄せて、海岸沿いの昔からの港町、ヤッフォに一時住まわせる。農業についてはだれも素人だった。聖書から農耕の知恵を探したり、遊牧民の助けを得たりした。

自分たちの入植地を「希望の門」、すなわち「ペタフ・ティクバ」と名付けた。大きなテントを張り、やがて家を建設することも始めた。そこで家族をヤッフォから呼んだ。

苦労した開拓の結果、一八八〇年には、収穫物をエルサレムに運び込むことができ、人々を驚かせた。新たな入植者が参加することになった。ところが、マラリアや疫病の問題で多大の被害、農業技術の問題など、次々困難に遭遇せざるを得なかった。とうとう、最初のユダヤ人開拓は二年で挫折した。

何事も始めることには、困難が伴う。しかし、始めること自体に意義があるという真理は、ペタフ・ティクバの入植運動にもあてはまる。挫折したけれども、ユダヤ人が祖国の土地を耕したというニュースは、海外に知られ、後の入植運動への弾みとなった。ローマ帝国に国を滅ぼされて以来、流浪のユダヤ人がはじめて土に帰り、農業を営んだのだ。

ペタフ・ティクバは、一八八三年に再び開拓者を迎えることになる。そして、この最初の入植地は開拓者（ハルツィーム）の基地となり、文字どおり〝希望の門〟であった。その後も発展し続け、現在は人口二十万人の都市となっている。

ペタフ・ティクバの土地を開墾する開拓者

2章　ヘブライ語の復活

——エリエゼル・ベン・イェフダーの独創

先駆者はみな、独りで始める。ヘルツェルのシオニズム運動が世に登場する前に、いろいろの先駆者がいた。十九世紀はまだ、現実にパレスチナにユダヤ民族の国が回復するなどと、誰も信じる人のいない時代だった。それを唱えるのはよほどの変人でしかなかった。

しかし、大きな民族の理想に向かって自分自身を捧げたユダヤ人にいろいろな人々がいた、そして独りで立ち上がった——という意味で、その典型的な人物の一人は、ヘブライ語を復活させたエリエゼル・ベン・イェフダー（一八五八～一九二二年）である。

ヘブライ語の復活の意味

よく、ヘブライ語は死語であったが、それが二千年ぶりに復活した、と言われる。これは誤解なのでまず正しておきたい。

ユダヤ民族の聖典、聖書（いわゆる旧約聖書）が書かれた言葉がヘブライ語である。アブラハム、モーセ以来使われてきた言語は、書き言葉であり話し言葉であったが、ユダヤ人の国が滅んで、世界に離散して以来、次第に「話し言葉」として使われなくなったのは事実である。（日常語としてのヘブライ語が用いられた最後の実例は、紀元一三〇年頃に書かれた手紙がある）

しかし、ユダヤ教の聖典に聖書やタルムード（ヘブライ語とアラム語）が用いられてきたので、ヘブライ語はユダヤ教徒なら必須の「聖なる言語」として生きてきたのである。当然、ユダヤ教の会堂（シナゴーグ）で行なわれる儀式に、つまり祈祷書にヘブライ語が使われたのは言うまでもない。

書き言葉としても生きていた。世界各地に住むユダヤ教徒が連絡し合うとき（しばしば宗教慣習上の質問をやりとりしたラビ回答集レスポンサというものがある）、ヘブライ語が用いられた。墓碑銘もそれで書かれた。

ヘブライ語の復活と言うとき、二つの面で革新が行なわれたと見れば、わかりやすい。まず、書き言葉の面で、ヘブライ語が宗教上の聖なる言葉から、非宗教的な文学、一般の文章の書き言葉になったこと。もう一面は、ヘブライ語が日常生活で使われる「話し言葉」になったこと、である。

エリエゼル・ベン・イェフダー

余談になるが、それではユダヤ人は普段、何語を話していたのだろうか。もちろん、各地に住む地域の共通語を話したのは当然だが、ユダヤ社会独特の言語が誕生していたのである。ドイツから東欧にかけては、ドイツ語とヘブライ語が混合して生まれたイディッシュ語を話していた。一方、スペイン語を話す地方では、スペイン語とヘブライ語が混合したラディーノ語があった。

ちなみに、イディッシュ語は、大変豊か

なユダヤ文化の世界を生み出している。たとえば、ミュージカル『屋根の上のヴァイオリン弾き』はロシアの寒村に暮らすユダヤ人の姿を描いているが、まさにイディッシュ文学の大家ショーレム・アレイヘムの望郷の作品である。

東欧ユダヤ人専用のイディッシュ語がある限り、ヘブライ語を話し言葉にという発想は浮かばないのは、当然だった。

書き言葉の復活

十九世紀のユダヤ人解放の気運と共に、新しい啓蒙運動が西欧ユダヤ人の間に起こってきた。ユダヤ啓蒙運動をハスカラーという。それを唱えた新興の知識人はマスキリームと呼ばれ、伝統的な宗教家と対立した。

さて、彼らは、イディッシュ語が古い伝統的な世界を象徴していたのに対し、ヘブライ語を宗教だけの言葉でなく、一般文学にもっと利用しようというのであった。

西欧の文学作品などがヘブライ語に翻訳されたりする。熱心なユダヤ教徒から異端視されながらも、勇気ある作家たちが出て、ヘブライ語による作品を手がける。ただし問題は、聖書ヘブライ語の言葉は語彙が限られていて、近代生活を表現するには不向きであった。

話し言葉の復活

十九世紀当時のユダヤ人は、すでに述べたように、ヘブライ語を話し言葉にするような考えを思いつく人は誰もいない情況であった。ところが、ただ一人、ヘブライ語を話し言葉に復活させるというヴィジョンをもったユダヤ人が現れた。それがベン・イェフダーである。

シオニズムの父と呼ばれたヘルツェルですら、『ユダヤ人国家』を書いたときには、世界中のユダヤ人が共通の言語を持っていないと認めながら、ヘブライ語では話しができない、だからそれぞれの故郷の言語を用い続けたらいい、と述べている。

このようにヘルツェルにおいては、言語問題は未解決であった。しかし、もし、世界の何十カ国という各地から帰ってくるユダヤ人に一つの共通語がなかったとしたら、現実に、はたしてイスラエルの建国は実現できたかどうか。その困難さは言うまでもない。

志すまで

エリエゼル・ベン・イェフダーは、一八五八年、当時帝政ロシアの、現在はベラルーシにあるルツキという町に生まれた。実は、本来の姓はパールマンという。

（出身地が間違ってリトアニアとされるが、実際は、ベラルーシに属する。同じくベラルーシの出身にベングリオン、シモン・ペレス、アリエル・シャロンの両親、マルク・シャガールらがいる）

幼いときから、ユダヤ教の伝統教育を受け、学業は優秀だった。家が貧しかったので、ある金持ちの母方の叔父に預けられてイエシヴァー（ユダヤ教学塾）に通った。ところが、ある開明的なラビに出会って、エリエゼルはヘブライ語の『ロビンソン・クルーソー』を手渡され、夢中になった。そのラビは啓蒙主義者、マスキリームの一人だったのだ。これが彼の運命を変える。

ユダヤ教徒の叔父にそれが見つかった。俗な本を、しかもヘブライ語で書かれたものを読むとは、何事か！　彼は叔父の家を追放され、行く宛てもなく、さまよって、ある町のシナゴーグにこっそり宿を取った。

そのシナゴーグが縁で、見ず知らずのシュロモ・ヨナスという酒造家が十四歳の少年エリエゼルを自宅に引き取って、世話をしてくれることになった。

ヨナス家には、娘が二人いた。姉がデボラ、妹がポーラで、彼は四つ歳上のデボラに可愛がられて、フランス語、ドイツ語、ロシア語の家庭教師をやってもらう。

それから、ヨナスは彼をギムナジウム（高校）に通わせた。ユダヤ人にはこのような慈善家もいるものだ。

エリエゼルは、高校を一八七七年に卒業し、パリに勉強しに行くことにした。その頃、ロシアとトルコの間で戦争があり、その結果ブルガリアが独立した。それが彼に大きな刺激になる。かつて母親が、「メシアが来たらユダヤ人は解放される」と言っていた。しかし、いつまで待つのか。ブルガリアが解放されたのだから、ユダヤ人もできるはずだ。ユダヤ人を父祖の地に住まわせる運動に、彼は目覚めたのである。そのために、勉強しなくてはならない。

パリからパレスチナに行くまで

パリにおいて、エリエゼルはウイーンの月刊誌『ハシャハル』に自分の祖国イスラエル回復の構想を書いた原稿を送り、それが認められた。その時の筆名に、「ベン・イェフダー」を使った。意味はイェフダーの息子、つまり父親の名レイブはイディッシュ語のイェフダーだからだという。

彼の夢は、ヘブライ語の復活というヴィジョンであった。預言者だって、民衆に話した。ヘブライ語は当時、大衆の言葉ではなかったか。雑誌にこう書いた。

「ユダヤ人が父祖の地に戻らなければ、真に生命に満ちた民となることができないように、ユダヤ人は父祖の言葉に立ち帰らなければ、生気に溢れた民とはなれない。その言葉を宗教や学問に関する書物に限って用いるのではなく、大人も子供も、生活の中のあらゆる話題についてヘブライ語で語るのである。あらゆる民族が自分たちの言葉でそうしているように」

ところが、パリで彼は結核にかかっていることがわかり、医者の薦めで温かいアルジェで数カ月過ごした。そこで、スファラディー系のヘブライ語に出合った。発音は古代ヘブライ語に近いと信じた。アルジェの滞在は一つの収穫だった。

パリに戻ると、今度は、パレスチナに行こうと決心した。ヨナス家に連絡を取り、姉娘デボラと結婚する許可を得る。一緒に一つの夢を実現しようと、旅立った。二人はカイロで結婚式をあげて、パレスチナの地を踏んだ。時に、一八八一年のことである。エリエゼルは弱冠二十三歳であった。

ヘブライ語の家

エリエゼルとデボラは、エルサレムに住むことにした。ここでいよいよ、彼らの目的の実現に向かって行動開始する。

ベン・イエフダーの行動は三つにまとめることができる。

まず、自分の家庭からヘブライ語を始めること。
第二に、人々にヘブライ語を使わせること。学校で、地域社会で。
第三に、ヘブライ語を復活させるには、近代生活に耐えられるよう、新しく言葉を増やすこと。

彼は、妻のデボラに約束させた。まず、わが家でヘブライ語のみを話すこと。生まれた子供は、純粋にヘブライ語のみで育てること。

デボラ自身は、片言のヘブライ語しか話せなかったが、一生懸命に努力した。エリエゼルは、妥協をしない男である。デボラは、数年後にはヘブライ語の教師になっていた。

ベン・イェフダーは、人に会うときに絶対、ヘブライ語しか話さない決意をした。エルサレムは、ほぼユダヤ教徒の町であった。その街中で聖なる言葉を話して、人々を驚かす。「シャローム」と挨拶しても、だれも答えない。(今では、だれでも口にする最も知られた言葉だが)

それでも、彼は同志を得ることに成功した。「世界イスラエル同盟」のニッシム・ベハールが、ベン・イェフダーに同盟の学校でヘブライ語を教えることを頼んだのである。

ベハールは良い教師だった。ベン・イェフダーに、教授法をアドバイスした。ヘブライ語でヘブライ語を教えるのである。それが成功した。子供たちが上手に、自由に話すのを聞くほど嬉しいことはない。将来に希望をもった。

また、モンテフィオーレ財団の代表であったマイケル・パインズとも友人になり、ヘブライ語復興運動の同志になってくれた。

ヘブライ語の単語を増やす

ベン・イエフダーは、日常にヘブライ語を話すのに不足する単語を、いろいろの文献を漁って単語を探し、なければ自分で作ることにした。

エルサレムのヘブライ語新聞「ハハバツエレット」の編集助手の仕事を得たが、後に自分の新聞「ハツヴィ」(週刊)を発行することができるようになった。ツヴィというのは、牝鹿の意味だが、イスラエルの地を表現した美しい言葉である。新聞は彼のヘブライ語普及の重要な武器になった。

紙上に、ベン・イエフダーは次々と新語を発表し、それを人々が使えば定着していき、使われなければ消えていくに任せた。

ヘブライ語を正確に使うには、辞書が必要である。しかし、そのようなものは存在しない。彼は辞書作りを始めた。最初、パリ時代に自分用に、ヘブライ語対フランス語の単語帳程度のものはあった。実際に、一般社会の言葉となるには、言語学的にもしっかりとしたヘブライ語にならなければならない。ベン・イェフダーは、必死になって研究する。朝から夜まで、辞典作りに励む。一日十八時間働くこととした。

彼のモットーは、「時は短く、なすべきことはあまりに多い」

実際に、最初の巻が出版されたのは、一九〇八年であった。生前に刊行できたのは五巻までで、死後に全巻十七巻が完成したのは一九五八年のことである。

長男と開拓村の誕生

話は初めに戻るが、ベン・イェフダーがエルサレムに来てから、半年後のことである。突然に、彼の家に見知らぬ青年たちが訪ねてきた。ロシアからの移住者のグループで、自分たちを「ビルー」と呼んだ。一八八二年の過ぎ越しの祭りの前夜であった。

ビルーというのは、聖書のイザヤ書二章五節「ヤコブの家よ、さあ、主の光の中を歩もう」の頭文字をとった名である。

彼らは、歴史に言う、第一アリヤーの帰還者であった。イスラエルに帰還することをアリヤー（上る、の意）という。一八八二年から一九〇四年までの最初の帰還者の波を第一アリヤーという。

この青年たちは、ベン・イェフダーにとって大きな味方となる。彼は彼らに農業を勧めた。ヤッフォの近くのリション・レツィオンという開拓村の建設に参加した。リション・レツィオンとは、シオンの長子の意である。それは、海外からの入植者が初めて作っただけに、その意義は大きかった。

それと同じころ、妻のデボラは男子を産んだ。ベン・ツィオンという名前が与えられた。シオンの子という意味である。

夫婦は、約束のとおり、ベン・ツィオンを育てるのに、ヘブライ語以外は絶対に聞かせないというルールで育てた。その努力は大変である。お客さんにもそれを守らせる。遊び友だちは、誰もいない。他の言葉で汚染しないためである。だから、知人はみな心配した。事実、三歳になっても、一言もしゃべらない。

ベン・ツィオン

ある時、デボラが思わずロシア語で歌を歌ったことで、エリエゼルが怒ったとき、母親を守ろうと息子は「アッバー（お父さん）」というヘブライ語が口から出た。子供がヘブライ語をしゃべった！　二人は安堵して泣き合ったという。こうして信じ願ったとおり、最初のヘブライ語を話す子供が出現したのである。

エルサレムの住民がヘブライ語を話すのに反対しても、開拓村の入植者たちはヘブライ語を話すことに賛成し、実行してくれるようになった。彼らは大きな協力者となった。彼の新聞の購読をしてくれ、ヘブライ語は確実にファンをつかんだのである。

妻デボラの死と再婚

苦労の多い生活に耐えながらエリエゼルを支えてきた妻のデボラは、結核に感染してついに倒れた。エルサレムに来て九年目、一八九一年の夏、幼い子供を五人残したまま世を去った。

ベン・イェフダーは、「ハツヴィ」紙に、妻の死を公告する代わりに、エレミヤ書からの引用を載せた。

　わたしはあなたの若いときの純情、
　花嫁のときの愛、
　荒野なる、種まかぬ地で、
　わたしに従ったことを覚えている。

妻ヘムダと共に

　さらにこの年、エルサレムに疫病が流《は》行《や》った。そして、子供のうち三人が亡くなった。

　妻のデボラは、亡くなることを覚悟していて、ロシアにいる妹のポーラに自分の亡き後、結婚するように手紙で勧めていた。ポーラは、子供のときから、エリエゼルに憧れていたので、当然のように嫁ぐことを承知した。ポーラは、名前を「ヘムダ（愛する人）」と改名した。

　ヘムダは、エリエゼルより十四歳年下だったが、しっかりと家庭を治め、ヘブライ語はマスターし、ベン・イエフダーの頼りになる助手となった。夫の仕事上の問題を一緒に担った。新聞にも、女性らしいコラム記事を寄稿した。

　ベン・イエフダーを忌々《いまいま》しく思っていた連中が、ついに新聞の記事に難癖をつけて、トルコの役人に讒訴《ざんそ》して、彼は逮捕されてしまった。しかし、裁判も彼の無罪となって、勝利した。ロスチャイルド男爵の支援があったとも言われる。

　一時、新聞は発行停止処分になるが、それは、ベン・イエフダーが辞書編纂に力を注いでいく機会にもなった。妻のヘムダの助けがとても大きく、とりわけ辞書の発刊は彼女の内助の功によって成った。

ヘルツェル、第二アリヤー

様々の戦いがあったが、ヘルツェルがシオニスト会議を開くと、それを積極的に応援した。

第二アリヤー（一九〇四年から）で移民してくる青年たちは、イディッシュ語などを話すことを拒否して、みなヘブライ語を母語とした。これは、父祖の地で新しい祖国建設に勤《いそ》しもうとする理想家たちにとって、父祖の言葉を話すことは、願ってもないことだった。こうして、ベン・イェフダーはついに、彼の思想的同志を得て、ヘブライ語を復興する基盤はすえられたのである。

シオニスト会議は、ヘブライ語を公式言語に採用した。一九〇九年、ユダヤ人の町、テルアビブ市が誕生すると、町の通りやカフェー、レストランではヘブライ語が話される。ヘブライ語を教える教師たちも増えていく。ヘブライ語は子供たちの学校で使われ、新しい世代は美しいヘブライ語を自由に語っているのであった。また街角で、開拓の村で……。

ベン・イエフダーは、第一次大戦の後、一九二二年、十二月十六日、世を去った。彼の事績がすべてのユダヤ教徒から認められたのは、彼の死後であった。あれほど反対していた正統派のユダヤ教徒も、ヘブライ語を話すようになる。ヘブライ語は成人したのである。

ヘブライ語の日

イスラエル政府は、二〇一〇年の初め、ベン・イエフダーの誕生日一月七日を「ヘブライ語の日」とすることを閣議で決定した。ネタニヤフ首相は、ベン・イエフダーが祖国の地にイスラエル復興の礎を置いた貢献を称えた。

多くの町々の通りに「ベン・イエフダー」の名が付いている。人々の中に彼の名前と意識されなくなるほど馴染《なじ》んでいる。天上で彼はきっと微笑んでいるだろう。

3章　謎の援助者

——ロスチャイルド男爵の贖いへの貢献

春の四月頃になると、毎年、全世界のユダヤ人が家族や友人と一緒に守る大事な祝祭日がやって来る。ヘブライ語で「ペサハ」という過ぎ越しの祭りで、太古、イスラエルの民がエジプトで奴隷であったときに、神がモーセを用いて、エジプトから救い出してくれたことを記憶する祭りである。

一週間続く最初の夜の晩餐（セデル）が最も大切で、その最後の締めくくりに、唱える祈りの言葉がある。

「バシャナー・ハバアー・ビルシャライム（来年こそは、エルサレムで！）」

エルサレムは、ユダヤ民族の首都で、聖なる神殿の存在したところ、そこにイスラエルのすべての部族が参拝する掟《おきて》があった。流浪の時代にも（もちろん現在も）、二千年間、この祈りを絶やさなかった。血と涙の祈りは聞かれる。

聖書では、「シオン」がエルサレムの別称として出てくる。離散の時代になって、シオンは、聖地イスラエルをも指すようになった。父祖の地、神の都である地、シオンへの憧れは、ユダヤ人の胸の中に秘められている。シオンはたんなる地理的名称ではなく、イスラエル民族と神の契約で約束された理想の地の象徴なのだ。「父祖の地に祖国を再建しよう」とのシオニズムは、民族の昔からの祈りを基礎にしていることを、忘れてはなるまい。

ユダヤ人の同胞愛

ユダヤの伝説に、ローマに滅ぼされてエルサレム神殿を失ったのは、ユダヤ人が兄弟同士で憎み合ったからだという逸話がある。それに倣《なら》って言えば、イスラエルの再建は、ユダヤ人の兄弟愛の回復で成ったと、筆者は思わせられる。

イスラエル人に接してみて、ユダヤ人の民族愛、また同胞愛は、とても素晴らしい。建国の歴史を見て、やはり苦難を乗り越えさせたのは、それだったのではないかと、感動させられるのだ。

もちろん、それはごく少数の人から始まった。十九世紀のパレスチナに、イギリスのユダヤ人、モンテフィオーレ卿が、エルサレムの風車で象徴されるように、同胞を救援する足跡を残したことは、1章に紹介した。

ところで、フランスのユダヤ人が、十九世紀において中東世界の同胞に救いの手を差しだしていたことは、一般にあまり知られていない。

シリアのダマスカスでユダヤ人迫害事件（一八四〇年）ほか反ユダヤの迫害があった後、中東のイスラム世界で暮らすユダヤ人への保護・救済を目的に「世界イスラエル同盟 Alliance Israélite Universelle」という組織が少数の有志によってパリに設立された（一八六〇年）。ヨーロッパのユダヤ人に比べると、中東の同胞ははるかに貧しく、近代文明の恩恵から遠い。エルサレムのユダヤ人は寄付金（ハルカー）で生計を立てている。この状況を改善して自活への道を救援しようと、学校や病院を建てるなどの活動をした。この組織設立の意義は大変興味深い。最大の努力は、モロッコやチュニジア、トルコの同胞のために尽くされた。

ミクヴェー農業学校

世界イスラエル連盟の創設者の一人、カルル・ネッテル（ストラスブルグ出身）は一八六八年、パレスチナを訪問し、エルサレムのユダヤ人のために何をしたらよいか調べた。寄生生活でなく、生産的な自活の道を探った。製造業はまだ無理だ。土地から収穫を得る農業を考え、農業学校をつくることを提案した。

ヤッフォ近郊の土地を借用して、一八七〇年にささやかな農業学校ができた。ミクヴェー・イスラエル農業学校と名付けられた。ミクヴェーとは「希望」という意味のヘブライ語である。旧約聖書のエレミヤ書一四章八節「イスラエルの望みなる主よ……」から取った。命名から、未来への開拓の意気込みが伝わってくる。最初の入植地、ペタフ・ティクバが「希望の門」と命名されたように。

ミクヴェー・イスラエル第一期生

しかし、この学校も、荒野での開拓と同様、多くの問題を乗り越えなければならなかった。ひとえにネッテルの熱情で存続できたようなものである。

まず、現地のユダヤ社会の反対との闘い。土地を耕し労働をするなど、エルサレムの正統派ユダヤ教徒には理解不可能であった。したがって、農業を志す生徒を募集することは保守的な親たちの反対で容易でなく、農業専門家も不足した。つぎに、資金の問題。これはフランスの資産家に応援を請い、またネッテル自身私財を投じた。ヨーロッパ育ちのネッテルは、慣れないパレスチナでの生活で体をこわし、帰国する。一八八三年、ヤッフォを再訪して、そこで亡くなった。ミクヴェー農業学校も消えるかに思われた。

ロシアのユダヤ人迫害

最初の開拓村ペタフ・ティクバも開拓を中止して間もなくだった。一八八二年七月、突然、海外からユダヤ人の一団がパレスチナに移住してきた。今までの「聖地に骨を埋める」ための宗教家の帰還とは性格を異にしていて、「ユダヤ民族の社会を再建する」ことを志して、ロシアから帰還した移民だった。ロシアのシオニスト運動の「ホベベイ・ツィオン」が送り出した開拓者である。この運動について説明しよう。

彼らの動機は明確だったが、実際の行動に移させた誘因はロシアでのユダヤ人迫害だったのである。ユダヤ人への組織的な暴動、略奪、虐殺をロシア語でポグロムと称した。

一八八一年三月、ロシア皇帝アレクサンドル二世が暗殺された。時の政府は、ユダヤ人の陰謀のせいにして、民衆の皇帝への不満をユダヤ人に向けさせた。それまでもポグロムは何回かあったが、今回は度を超す暴動の嵐がユダヤ人に吹きまくり、さらに翌年、新皇

レオン・ピンスケル

帝はユダヤ人へ厳しい制限を課す法律（「五月法」）を出した。

この迫害をきっかけに、ユダヤ人のロシア脱出が始まった。住み慣れた村を強制的に追い出され、あるいは将来に絶望して自発的に離れた。移民のほとんどは新天地アメリカに向かった。そして、ほんの一部がパレスチナに向かったわけである。ちなみに、有名なブロードウエーのミュージカル『屋根の上のバイオリン弾き』は、この時代を背景にしている。

このとき、ロシアのオデッサに住む医師レオン・ピンスケルは、突如、この反ユダヤ主義事件を契機に、目覚めたのである。というのは、啓蒙主義に傾倒した、ロシアに半ば同化しロシアを信頼していたユダヤ人であったが、ユダヤ人が居住国の社会の一員になれるというのは幻想であり、ユダヤ人は民族の郷土を再建して自力更生しなければならない、と悟った。ヨーロッパのユダヤ人社会にこの「新しい療法、新しい道」を説いて回ったが、気が触れたとして、だれも相手にしてくれない。そこで、一八八二年、自分の主張を『自力解放』と題する小冊子に書いた。ピンスケルの思想は、ユダヤ人宗教家や知識人から猛烈な反対非難の声で迎えられた。

一方、賛同する人も出た。そしてピンスケルの考え方に沿って、パレスチナに入植する運動がオデッサで組織された。「ヒバット・ツィオン（シオンへの愛）」あるいは、そのメンバーを「ホベベイ・ツィオン（シオンを愛する者）」といい、入植運動の名称そのものにも用いられる。ピンスケルは、その精神的指導者になった。ロシアの各地にその運動支部が広まっていった。

シオンで最初の村――リション・レツィオン

ホベベイ・ツィオンが最初に送った入植者たちが、ヤッフォに上陸した第一アリヤーの最初の集団である。その移住者のうちで、あるグループは、ヤッフォの南東に土地を購入した。その地を、リション・レツィオンと名付けた。ヘブライ語で「シオンに初めて」という意味である。聖書のイザヤ書四一章二七節からの命名。実際には、イスラエルの地でペタフ・ティクバに続く二番目の入植地だが、海外の開拓者がつくった最初である。

リション・レツィオンの開拓者

また、この時期、移民してきたもう一つのビルーという集団のことはすでに述べたが、彼らは、学生たちを中心にした組織で、社会主義の思想に影響を受けていた。社会主義的な共同社会をつくろうとの理想に燃えてはいたが、資金も農業経験も一切ない若者たちだった。

この二種類の開拓者たちの前には、想像以上の苦労が待ちかまえていた。

まず、リション・レツィオンでの困難は、土地が砂地で、水が不足していた。最初の入植地が体験した同様の劣悪な環境との闘いが待っていた。井戸を掘るが、一年経ってもなかなか水脈にぶち当たらない。開拓もこれ以上続けられない限界に達したとき、ホベベイ・ツィオンの代表がパリのロスチャイルド家に窮状を訴えに出かけた。

エドモン・ド・ロスチャイルド男爵

フランス・ロスチャイルド家の当主ヤコブの五男にあたるエドモン・ド・ロスチャイルド男爵は、ファミリーの銀行業には入らず、美術品のコレクションに凝っていた。ところが、リション・レツィオンの代表の話に感動したエドモン男爵は、早速、救援を約束した。それ以来、男爵は、ロスチャイルド家の思惑と敵意を無視して、自分のエネルギーと時間、お金を開拓運動に注ぐことになる。それは一九三五年に亡くなるまで続いた。

さて、男爵の資金には条件がついていた。なぜか男爵の名は伏せて、「ハナディヴ（援

エドモン男爵

助者）」という匿名で、援助するということだった。リション・レツィオンでは、援助金のおかげで、井戸掘りは成功した。

水が湧くと、男爵の心にも喜びの水が湧き、本格的に入植運動に取りかかる。パレスチナに自分の代理人を派遣する。入植地に、ブドウを植え、ワイン醸造所をつくらせる。開拓地を自らつくる。そしてアラブ地主から土地を購入したが（トルコ国籍のあるユダヤ人を通して）、男爵が取得した土地の総面積は、最終的に一二万五千エーカー（五〇六平方キロ、東京都二三区の約八〇％相当）にも達した。入植地を支援するために使った資金は、五千万ドルとも推定される。

男爵が土地を購入したのは、経済的見地からではなく、彼の宗教的な思想からだった。ユダヤ教には、贖い（ゲウラー）という概念がある。贖いは、救いと訳されたり理解されたりするが、原義は「お金を払って買い戻す」の意である。神がユダヤ民族を買い戻すようにも、男爵は実際、聖地を買い戻すことを願った。

ロスチャイルド家は、ユダヤ教徒としての伝統を守っていたことで知られる。エドモン男爵も、正統派ユダヤ教徒であった。その信仰心から、ユダヤ同胞への責任と連帯意識が生まれたのであろう。

一八八二年に男爵が助けた入植地がもう一つあった。ルーマニア・ユダヤ人のズィフロン・ヤアコヴ（男爵の父の名に因んだ）。ここにもワイン醸造所をつくった。

一八八七年、男爵はパレスチナを訪問した。「ハナディヴ」がだれであるか、初めて知られた。彼が大歓迎を受けたのは言うまでもない。男爵は、次々新しく生まれていく入植地を支援した。ミクヴェー農業学校も、ペタフ・ティクバも、もちろん息を吹き返した。

こうして、エドモン男爵はイスラエル建国の基礎を築いた一人として歴史に名を残した。一九三四年逝去。パリの墓地に葬られる。一九五四年、遺体はイスラエルに帰り、ベングリオン首相の弔辞をもって国葬された。ズィフロン・ヤアコヴの美しいラマット・ハナディヴ公園に永眠している。

4章　願うなら、それは夢ではなくなる

——建国の父ヘルツェルの預言

「メシア」待望

ユダヤ民族は紀元七〇年、ローマ帝国に国を滅ぼされ、世界中に離散していた。かつての祖国はパレスチナと呼ばれ、諸外国の支配するところとなって、十六世紀以来、オスマン・トルコ帝国の領土であった。

ロシアから少数のユダヤ人が、この父祖の地に帰って来たのは一八八二年、それからシオン帰還運動の歴史が実質スタートした（第一アリヤー）。まだシオニズムという言葉が生まれる以前のことだった。シオニズムは、勇気ある、時として無謀とも思われる先駆者の行動から始まった。もちろん、その前にごく少数の思想家が声を上げてはいたが。

さて、パレスチナでの開拓運動は、現実は大変な困難に出会った。ユダヤ人の富豪、ロ

スチャイルド男爵の援助で、やっと入植運動は続いた。しかし、全世界のユダヤ人を注目させるほどではなかった。

この時代、ロシアのユダヤ人は迫害の嵐に追われていた。しかし、西欧のユダヤ人知識階層は西洋文明に同化し、「ユダヤ人」と名乗ることを恥じ、東欧の〝非文明的な〟ユダヤ同胞の苦しみをも無視し傍観している。一八九〇年代は、まさに東欧のユダヤ民衆がモーセやメシアを待望していた時代と言ってもおおげさでない。

ユダヤ人の歴史は驚異に満ちている。歴史にイフ（もし～なら）は禁句だが、この人がいなかったらユダヤ民族あるいは世界の歴史は一体どうなっていただろうか、という人物が出現している。さらに歴史の不思議さは、ユダヤ民族の周辺にいるような人物が英雄的に活躍することである。エジプトの王子だったモーセ、羊飼いのダビデ王、ナザレの大工イエス・キリスト、……。

シオニズムの場合にもあてはまる。テオドール・ヘルツェル（一八六〇～一九〇四年）がその人だ（ヘブライ名は、ベニヤミン・ゼエブとも称した）。イスラエル建国の最大の恩人であるが、事実は、信仰深いユダヤ教徒ではなく、ユダヤ教のこともあまり知らない、同化ユダヤ人であった。つまり、ユダヤ人らしからぬユダヤ人であった。一劇作家で、新聞の外国特派員が、いわば民族の命運を担う「預言者」に変身したのである。

（編注・ヘルツェルはHerzlのヘブライ語読み、ドイツ語ではヘルツル。本書では、イスラエルで呼ばれている読み方を用いた）

ではヘルツェルは、何をなしたのか。それまで思想あるいは入植運動としてのシオニズムを、ユダヤ人の国家を建設する政治運動としたのである。具体的に国造りの計画（不完全で、パレスチナの現状無視という批評はあったが）を描き、そのために先頭切って行動した。いわゆる政治シオニズムを提唱しその指導者となったのである。

生い立ち

ヘルツエルは、一八六〇年ハンガリーのブタペストで生まれた。十八歳の時に、家族と共にウィーンに移住した。彼の祖父はユダヤ教徒であったが、両親は特にユダヤ教に熱心ではなく、同化主義に立って、ユダヤ的なものと無縁な教育を彼に施した。これは当時の環境も大いに影響している。

ハンガリーは、彼が七歳の頃、ハプスブルグ家のもとにオーストリア・ハンガリー二重帝国に属した。ユダヤ人への「寛容令」、つまり差別撤廃の解放令が出され、ユダヤ人がドイツ文明に傾倒していたのは、当時のユダヤ知識人の流行だった。彼はキリスト教系のギムナジウム（高校）に入り、ウィーン大学では法律を学ぶ。一八八四年に法律で博士号を得る。

その後、著述家に転じている。彼の夢は、成功した劇作家になることだった。ウィーンの資産家の娘と結婚して、かなり贅沢な生活ができたようである（彼の結婚と家族は悲劇に終わった）。

テオドール・ヘルツェル

彼の風貌《ふうぼう》は一種独特で立派な髭をはやし、後にシオニズム運動に傾倒したマルティン・ブーバーは「ヘルツェルの顔はメシアのきらめきで輝いていた」と言った。あるいは「威厳ある東洋的風貌……博物館の展示室を飾るアッシリア王……そっくり」（英国の作家イスラエル・ザングウィル）とも感嘆し、ヘルツェルの従兄弟は「高慢なアラブの族長のようだ」と悪口を言った。
当時は、新聞はマスメディアの重要な媒体であった。彼はドイツ語圏の主要紙「ノイエ・フライエ・プレッセ（新自由新聞）」に度々寄稿するようになり、やがてパリ特派員に選ばれて、フランスの花の都に喜んで赴いた。時に一八九一年。
パリは、表面上はきらびやかに、世紀末のベル・エポック（良い時代）を謳歌していたが、裏では反ユダヤ主義の空気が立ちこめていたことが、やがて暴露されることになる。

ドレフュス事件

ヘルツェルがシオニズムに目覚めたのは、ドレフュス事件であると一般的に信じられている。ドレフュス事件とは、フランス陸軍大尉のアルフレッド・ドレフュスがドイツの間諜となって秘密情報を漏らしたという嫌疑で、一八九四年秋逮捕された事件である。彼はユダヤ系であった。翌九五年、非公開軍事裁判で有罪を宣告され、軍位を剥奪された。軍部、政府、教会の共謀のもと、ドレフュスは無実の罪を着せられたのであった。この時、巷には「ドレフュスに死を！　ユダヤ人に死を！」と叫ぶ民衆の声があふれ、ヘルツェルは大きな衝撃を受けた。

ドレフュス軍位剥奪の儀式

彼は、キリスト教社会の中に同化することで、ユダヤ人問題、反ユダヤ主義は消えると考えていた。しかし、問題はもっと根の深いことに覚醒した。ユダヤ人解放を最初にした自由・平等・博愛の国フランスこそは、ユダヤ人に対してどこよりも寛容な国と信じていたから、衝撃は大きかったのであろう。

もともと、彼はウィーンで暮らし、ドイツ語圏の反ユダヤ主義の風潮にひどく反発していた。「ユダヤ人問題」をパリ以前から、問題意識としていたのは確かである。こんな体験があった。彼の大学時代、自分の学生サークル「アルビア」の反ユダヤ主義に我慢がならず、退会届けをだすが、受け付けられず、逆に除名処分に遭う。大変な屈辱である。また、ウィーンにはロシアの迫害を逃れてユダヤ難民が多数流入し、その同胞への同情を禁じ得なかった。ユダヤ人問題は、彼の胸に長い間、わだかまっていた。

だから、ドレフュス事件をきっかけに、ヘルツェルは、いままでの同化による反ユダヤ主義に対する解決はあり得ないことを最終的に認識し、ユダヤ人の国家こそ解決の道だとの考えに到達したに違いない。

行動開始!

ヘルツェルのすごさは、それから一気に行動に移したことである。

まず、富豪のヒルシュ男爵に会見を求め、彼のアイデアである移民計画と国家建設構想を訴えたが、失敗に終わる。ロスチャイルド男爵にも拒否された。

次に、彼の構想を友人に話すが、正気を疑われる。それから憑《つ》かれたように不眠不休で、『ユダヤ人国家――ユダヤ人問題の現代的解決の試み』を書き上げた。一八九六年二月、ウィーンの書店から出版されると、大きな反響を呼ぶ。賛同者がヘルツェルの元に集まる。もちろん、反対の声も、宗教家から、逆に同化主義者からも出てくる。「ホベベイ・ツィオン（シオンを愛する者）」の連中もそれを理解できなかった。反ヘルツェルの論議のほうが多かった。

文筆家として世に訴えていくのか。それとも政治的行動を起こすのか。逡巡があったらしいが、彼は自ら運動の先頭に立つ決意をする。そこで三つの活動を同時に開始した。有力者に会うこと。雑誌を刊行すること。世界中のユダヤ人の代表と共に会議を組織することと。

イギリスに行き、有名な作家イスラエル・ザングウィルに会う。パリの著名な哲学者マックス・ノルダウにも会う。彼らは共鳴して、同志となってくれた。

自費を工面して、イスタンブール（当時、コンスタンチノープル）に行き、元首のスルタンに会えず、代わりに首相に話す機会を得たが、トルコ政府に融資を暗に仄めかされる。再び、ロスチャイルド男爵を訪ねるが、拒否される。以降もユダヤ人資産家たちは、彼を疫病神のように避ける。

ヘルツェルは、それならばよし！　世界中のユダヤ民衆から基金を募集しようと考えを変えた（後に、ケレン・カイエメット、ユダヤ国民基金として実現する）。彼の信奉者は、西欧のユダヤ知識人よりも、貧しい東欧・ロシアのユダヤ人であることが、次第に明らかになった。

自費で、雑誌『ディー・ヴェルト（世界）』を発行する。同誌はシオニズムの思想と彼の構想を広く知らせ、同志を募る重要な運動の機関誌となった。（一九〇一年、新進気鋭のシオニスト、マルティン・ブーバーに編集を任せている）

第一回シオニスト会議以降

ヘルツェルは、世界中のユダヤ系団体に手紙を送り、ユダヤ人の会議の開催を呼びかけた。一八九七年、ミュンヘンでする計画が、地元のユダヤ人の妨害で頓挫し、スイスのバーゼルで開かれることになった。（のちに、ミュンヘンはヒトラーのナチス党発祥の地となる）

ユダヤ民族が離散して以来、初めて、ディアスポラ（離散社会）を代表する人々（世界の十七カ国から代表が二百人）が集まって、第一回シオニスト会議が開かれた。熱狂的な雰囲気が会場を覆い、その中で正装したヘルツェルはまるでユダヤ人の王のようであった。（参列者にも、正装をリクエストしていた）

バーゼルでのシオニスト会議（中央に立って演説するヘルツェル）

この時採択されたバーゼル綱領は、「シオニズムの目的は、ユダヤ人が公法に守られて、パレスチナに郷土を建設することである」と宣言する。「公法に守られて」は強国の保護の下に、というのに等しかった。いよいよヘルツェルは、ユダヤ民族の代表者のようにして外交交渉に専心するのであった。

名を挙げれば、ドイツの皇帝ヴィルヘルム二世、オスマン・トルコのスルタン、ロシア帝国のプレーベ内相、イギリスのチェンバレン植民相、ローマ教皇など。結果的には、彼の奮闘努力にもかかわらず、具体的成果は何も得られなかった。

しかし、彼の業績は、西欧に全く無視されていたユダヤ人の存在、そしてユダヤ人の主張を国際政治の世界に明確な外交課題として認知させた点にあるだろう。

シオニスト会議はヘルツェルの生前六回開催され、彼が議長を務めた。

多忙の外交活動の間にも、ヘルツェルは執筆活動を怠らない。中でも有名なのが、未来のユダヤ人国家を描いたユートピア小説『アルトノイラント（古くて新しい地）』（一九〇二年）である。

ヘルツェルの預言と意志

ヘルツェルは、この運動に関わって以来亡くなるまで（一八九五〜一九〇四年）、日記を残していた。あまりに膨大な記録（二千頁以上）なので、完読した人は少ない。彼の人格や思想、行動を知る上で重要な資料である。

ヘブライ大学のシュロモー・アヴィネリ教授が、ヘルツェル日記を研究して、劇的なドイツ風「ビルドゥングスロマン（教養小説）」だと評価した。ヘルツェルはさすが文筆家だっただけあって、彼の成長発展する内面を映していて、それと同時に、十九世紀から二十世紀のヨーロッパの時代を代表する人物群も登場する。

彼の日記から、幾つか引用してみよう。最もよく知られたのは、第一回シオニスト会議の後、

「バーゼル会議を一言で要約すれば、——公開することから守らなければいけないが——こうなるだろう。私はバーゼルにてユダヤ人国家の基礎を置いたと。今私がそう言ったら、皆から笑われるだろう。だがおそらく五年後に、いや五十年後には確実に、誰もがそれが事実だと知るだろう」

確信と預言的な言葉である。一八九七年八月二十九日から五十年後の一九四七年十一月二十九日に、国連がパレスチナ分割案を承認し、事実上、ユダヤ人国家は認められたのである。

さらにそれに続く日記の言葉は、もっと意味深いかもしれない、とアヴィネリ教授は指摘している。

「国家の基礎は、国家を求める人々の意志の中にある……領土は物質的な基礎にすぎない。領土を有するときも、国家は抽象的なものである……バーゼルにおいて私は、その時、大部分の人々には目に見えない、この抽象を創った——しかも最小の手段で。私は徐々に人々に、国家を求めるムードへと働きかけて、彼らが国民議会にいるかのように感じさせた」

ヘルツェルは、国民運動を形成することは政治的意志の行為であり、言ってみれば客観的な歴史環境の必然的産物ではないと、認識していた。

パレスチナの地に立つヘルツェル（1898 年）

日記を読むと、ユダヤ史において危機的な時代に、ユダヤ民衆の意識にも、彼自身の意識にも、変革の火を点したことが見えてくるという。彼の、一ジャーナリストから国民的リーダーに変貌していく過程を日記は語っている。その道は彼の意志と忍耐力で突き進んでいた。

アヴィネリ教授によれば、運動の成功への鍵は、民族あげての、政治的な意志にあると、彼が思っていたことが、第一回シオニスト会議から一年後オランダの都市ハーグを訪問した感想を日記に書いている箇所から推測できるという。

「私は、山も、川も、海もない平原から突然、都市が現れるのを見た。ハーグである。意志の力が都市を形づくる証拠だ。……オランダ全体は、最も不利な土地から何を人間が引き出せるかの証明である」

一八九八年にパレスチナとエジプトを訪問した際、ヘルツェルは「アクロポリス神殿（旅行途上立ち寄った）よりもスエズ運河に感銘した」という日記文を残している。彼にとって、運河も、人間の意志の優れた力の証明であった。

日記の冒頭にも、一八九五年六月、後に小説『アルトノイラント』の中の有名な格言（後述）となる感情を披露していた。「誰も、現実に存在する約束の国を探し求めようとはしなかった──しかもすぐ側に存在するのに。それは、どこか。我々の内側にあるのだ」と。（傍点は筆者）

ヘルツェル、志半ばで倒れる

ヘルツェルは、シオニズム運動に文字どおり、命を賭け、全力で生きて、志半ばで一九〇四年七月三日、四十四歳の生涯を閉じた。

彼をもっとも苦しめたのは、亡くなる前年の一九〇三年に開催した第六回シオニスト会議で紛糾した、いわゆる「ウガンダ問題」であった。

ヘルツェルは、ロシアのユダヤ人迫害がますます悪化していく情況に、ユダヤ人の避難地としてイギリスの提案した英領東アフリカ（誤ってウガンダと呼ばれた）に入植地を設ける案を、会議に提議した。「しかし、ウガンダはシオンでない」。ヘルツェルはもちろん、このことを承知していたが、そう言われてシオニスト会議では大反撃を受けた。特に、迫害の渦中にあるロシア代表が猛烈に反対した。ヘルツェルを骨の髄まで心痛させ、消耗させたのは間違いない。

少年の夢と生涯のヴィジョン

ヘルツエルは、生前ユダヤ人の国家実現を見ず、約束の地カナンに入れずに死んだ預言者モーセを連想させる。然り、まるでモーセのような生涯であった。ヘルツェル自身は、ユダヤ人の国を見ることはなかったが、モーセの弟子ヨシュアが使命を引き継いだように、彼の信奉者たちが国家を実現させた。それは、ダヴィッド・ベングリオン（初代首相）、ハイム・ワイツマン（初代大統領）らである。

ヘルツエルの生涯を見ると、世俗の同化ユダヤ人、政治シオニズム運動に熱心で、ユダヤ教から遠い人物のように思われるかもしれない。しかし、彼の内側に燃えていた情熱やヴィジョンは決してユダヤ民族の精神から、ユダヤ教の理想から離れていたものではないと思われる。それを裏付けるようなエピソードがある。

晩年になって、十二歳の時に見た夢をある人にもらした。「王なるメシアが――光り輝く人だったが――私を腕にかき抱いて天空を飛んだ。輝く雲の上で、モーセに出会った。メシアはモーセを呼んで、『わたしはこの子のために祈った』と言われた。私には、こう言われた。『さあ、ユダヤ人の所に行って知らせなさい、わたしは間もなくやって来てわが民のために、また全世界のために奇跡と大いなる業をなすであろうと』」

（*Herzl-Biography*, by Alex Bein, 1934）

少年の頃からヘルツェルを捕らえて放さなかったのは、民を救うモーセのような人物というヴィジョンであった。このヴィジョンをしっかりと固い意志で守り通したのが彼であった。

ヘルツェルの行く先々で、ユダヤ民衆が歓呼の声で彼を迎えたとき、その胸に去来した思いは何だったろうか。

『アルトノイラント』の冒頭に彼が書いた言葉は――

「願うなら、それは夢ではなくなる」（夢は、おとぎ話とも訳せる語）

ヘルツェルのこの言葉はシオニズム運動を励まし、そして建国を実現させる力となった。ヘブライ語で――

אם תרצו אין זו אגדה

イム・ティルツー・エン・ゾー・アガダー

5章　若者よ、大地に帰ろう

——第二アリヤーの開拓者たち

建国のための基金

シオニズム運動の創始者、テオドール・ヘルツェルは、一九〇四年、急に世を去った。彼の死後、ユダヤ民族の祖国再建の夢は、どのように次の世代に受け継がれていったのだろうか。

彼が主催した第一回シオニスト会議（一八九七年）は、シオニズムの目的を「公法に守られて、パレスチナに郷土を建設すること」と公式に採択した。バーゼル綱領である。ヘルツェルは、大国を回り懸命に外交活動に専心したが、ほとんど実を結ぶことなく、失意のうちに倒れた。

では、ヘルツェルの残したのは、夢だけだったのだろうか。否、彼なりに考え、著書『アルトノイラント（新しく古い国）』にヴィジョンを書き記しただけでなく、ユダヤ民族のための国造りの礎を、具体的に残していった。

第五回シオニスト会議（一九〇一年）において、参列した全世界からの代表団に向かって、ヘルツエルが熱く訴えたことがある。

「基金をつくろうと、何度も声が上がってきた。また、このまま何もしないで流してしまって良いのだろうか」

四年前の最初の会議において、そのアイデアは提案されていた。オスマン帝国の領土であるパレスチナに土地を購入するための基金のことである。

ついに動議は可決されて、「ユダヤ国民基金」は誕生した。英語で Jewish National Fund (JNF)、ヘブライ語でケレン・カイエメット・レイスラエルという。併せて JNF-KKL と略記される。この基金は、ユダヤ民族全体の財産であると、定められた。

ユダヤ人は行動が早かった。一カ月後、早速、エルサレムに国民基金の本部が設置されて、オーストリアのシオニスト指導者、ヨナ・クレメンツキーがその責任者となった。彼は建国に功労のあった人の名を記す「ゴールデンブック（黄金の書）」をつくり、第一号にヘルツエルの名を刻んだ。

彼が次に採用したのは、ガリシアの小さな町の銀行員からシオニスト機関誌『ディー・

献金箱「ブルー・ボックス」

ベルト』に寄せられた「献金箱」という提案だった。寄付を集めるため、世界中のユダヤ人の家庭に置いてもらう。前の時代のように、ユダヤ富豪の資産を頼りにするのでなく、全世界のユダヤ人民衆の少額でもいい、浄財を集めて、国家建設のための基金とするという発想である。この献金箱、通称ブルーボックス（実際は、いろいろの色と形のもの）は、あらゆるユダヤ人家庭にゆきわたっていた。

「ユダヤ国民基金」は実際に、一九〇三年にはじめて五十エーカーの土地をハデラに購入した。一九〇五年には、ガリラヤ湖畔にまた、パレスチナ中部のベン・シエメンにも、土地を購入した。ヘルツエルを記念するための、オリーブ畑用の土地も入手した。植林事業の始まりである。イスラエル建国後は、植林事業が大きな仕事になる。田園をつくるばかりでなく、町もつくった。一九〇九年、テルアビブを創設するにも、大事な役割を担った。

再びロシアで、ユダヤ人迫害

最初に移住した人々、一八八二年頃から始まった第一アリヤーの人々を全く未開のパレスチナに行かせた誘因は、ロシアでのユダヤ人迫害、ポグロムであったということは、すでに述べた。

またしても、ポグロムがユダヤ人を襲う。一九〇三年四月、ロシア帝国のキシネフ（現在、モルドバ共和国首都）という都市で、一人の少年が殺されたが、その犯人はユダヤ人という噂が流れ、暴徒化した民衆がユダヤ人を襲い、多数が虐殺された。ロシア官憲は暴動をなすがままにしていた。事件のきっかけが、過ぎ越し祭のためにキリスト教徒の血を求めたという、昔ながらの〝血の中傷〟が理由とされたので、世界中のユダヤ人に衝撃を与えた。

さらに二年後、日露戦争に負けたロシアが、その敗因をユダヤ人に帰して、再びユダヤ人をスケープゴートにしたのである。キシネフやその他で、ポグロムが起こる。

この事件の影響は大きかった。ロシアから国外へ脱出するユダヤ移民が大量に生まれた。米国にユダヤ移民が急増したのは、この時からだ。しかし、少数ながら、自分たちの国を持たなければ、反ユダヤ主義の被害から免れないと、目覚めたユダヤ青年は、パレスチナに向かった。

第二アリヤーの波

こうして第二アリヤーと呼ばれるシオン帰還の波が、一九〇四年から第一次世界大戦の始まる一九一四年まで続いた。第二アリヤーは、約四万の人口を数えた。はじめ少数で、やがて年に数千人の人々が来る。

この移住者の特長として、ほとんどが若い、独身の青年たちで、社会主義の思想をもって、自分たちの労働で郷土を贖おう（救うこと）という意志を持ってきた人々である。

ところで、新移民の多くは、農業経験もなしにやって来て、これまでの第一アリヤーのつくった開拓村に、仕事を求めてたどり着く。ところが、ユダヤ人の最初の開拓者たちが、彼らを歓迎して待っていたわけではなかった。

もう一度、思い返すと、ホベベイ・ツィオン（シオンを愛する者）やビルーという群れの第一アリヤーは、ロスチャイルド男爵の援助でやっと入植を継続できたのであった。男爵あるいは第一アリヤーの開拓事業の考え方と、新たな移民の青年たちの考え方はずいぶんと隔たりがある。

開拓村ペタフ・ティクバ、リション・レツィオンなどに来てみると、農園の労働者は低賃金で雇えるアラブ労働者であり、ユダヤ人は監督の仕事で、汗を流していないではないか。農業経験のない新移民は、ユダヤ人であっても、雇ってもらえない。せいぜい日雇い労働者扱いだった。ユダヤ人が資本家になっているのは、離散のユダヤ社会と同じではないか。反発心が湧く。

ロシアにあったとき、青年たちは「ポアレイ・ツィオン（シオンの労働者）」という組織を作って、自分たちが労働して開拓する、本当の「開拓者（ハルツィーム）」を目指したのだった。理想は理想として美しかったが、パレスチナの現実は厳しかった。

とはいえ、パレスチナにも、ユダヤ共同体の基礎作りが、徐々に行なわれていった。「ユダヤ国民基金」もその一つである。また、「シオニスト機構」という組織が、第一回のシオニスト会議で、目標を実現するための組織としてつくられていた。

シオニスト機構は、やっと一九〇七年になって、ドイツの若い法律・経済学者のアルトゥール・ルピン博士を、パレスチナの入植の事情調査に遣わした。彼の改善案を受けて、シオニスト機構は翌年、彼をヤッフォに送り、「パレスチナ事務所（エレツイスラエル事務所）」を開設した。彼は、イスラエルの入植事業のために大変貢献した、信仰とヴィジョンの人だった。

労働者として来たベングリオン

第二アリヤーの一人として、イスラエルの地に来た多くの無名の男女の青年たちの中に、ダヴィッド・グリーンがいた。後のベングリオン（一八八六〜一九七三年）である。

ダヴィッドは、ポーランドのプロンスク（当時ロシア領）に生まれた。父親は熱烈なシオニストだった。「ポアレイ・ツィオン」のポーランド支部だった家庭に育った生まれながらのシオニストとでも言って良いほど、シオンに帰り、大地を耕すことに憧れていた。十四歳の時、友人たちと「エズラ」と名付けたシオニスト青年会をつくり、パレスチナ移住を宣伝して回った。ついに一九〇六年、二十歳のとき、ヤッフォに上陸し、パレスチナに移住することができた。

後々にベングリオンは、ユダヤ共同体（イシューブ）の政治的指導者となり、イスラエル国初代の首相になるが、若い無名の時代を、同世代の仲間たちと同様に、あちらこちら一介の労働者として過ごす。どんな生活をしていたか、当時の開拓時代を偲ばせる彼の青春時代を見てみよう。

最初の年、今までになく厳しい冬だった。彼はヤッフォからペタフ・ティクバに行き、着の身着のまま、オレンジ畑で働き、翌年一九〇七年にはクファル・サバに行き、次にリション・レツィオンでブドウ絞り（ブドウを足で踏みつぶす）の労働者になるが、落ち着かず、レホボットへ行く。そこで農夫になろうかと思ったりした。このように転々とし、秋にはガリラヤ方面に行くことにした。一緒にパレスチナに来た、ロシア以来の友人が、誘ってくれたのである。

ガリラヤは未知の地である。希望があった。第一アリヤーの入植地でなく、ユダヤ人自身が自ら汗して、土地を耕し、種を撒き、刈り入れるという本物の農業が始まっていた。若者たちはガリラヤに惹きつけられた。

ガリラヤ湖を見渡すことのできる、ティベリアから十五キロの地にあって、セジェラと呼ばれる開拓地があった。古代にユダヤ人の町があった廃墟に、アラブ人の村がつくられて捨てられた、荒廃したこの土地に、ユダヤ人が入植したのは、数年前のことだった。

ダヴィッドらは、セジェラのある農場で働くことになった。ユダヤ人の農場主も働き、自分も鋤《すき》を使って働く。本物の農夫になった！　セジェラにおいて、イスラエルでの最上の時を過ごした、と彼は後に記している。

一九〇八年に、ポーランドの実家に一時帰国する事情がでたが、パレスチナに戻る。セジェラは、自分の「家」のように感じた。ダヴィッドは、農業労働者としては仲間の中で、特に傑出した存在ではなかったようだ。

ガリラヤは、アラブ人の村が点在していて、部族毎に住んでいた。この隣人との付き合いで、時々、面倒がおこる。トルコ帝国の領土といっても、無法に近い。盗賊や泥棒もいる。ユダヤ人の新住民は、開拓地を守るのに、アラブ人を夜警に雇っていた。しかし「ユダヤ人で守るべきだ」と考えるダヴィッドは、セジェラをユダヤ人で自衛するように導くのに成功した。

自衛組織の誕生

そのユダヤ人自衛組織の誕生の次第はこうである。

ユダヤ人が自分たちのことは自分たちで守ろうとした考えは、もともとロシア出身の青年から発想された。彼らには、ロシアでのポグロム（暴動）からユダヤ人の居住区を守った経験がある。パレスチナに帰ってきて、いかに自分たちが無法の地域に住んでいて（トルコ政府の警察力は当てにならない）、夜盗に襲われやすいかを知った。

ロシアで自衛を体験した、イツハク・ベンツヴィー（一九〇七年のロシアからの帰還者で、熱烈なシオニスト・社会主義者）という青年のアパートに少数の青年が集まり、自警団を結成する会合を開いた。そこで、「バル・ギオラ」という名を付けた。それは、ローマに反乱をおこした英雄バルコフバの別称である。彼らの志は大きい。

ロシアで自警団をつくったときに、「火と血でユダヤは倒れたが、火と血でふたたび甦る」というモットーを掲げたものを、自分たちのモットーにした。仰々しく、秘密の誓いを立てて、リーダーにイスラエル・ショハットという青年を選んだが、まず農業の訓練を受けることにし、他日を期した。

このバル・ギオラは、イスラエル国防軍の歴史の発端をきった。それは、ヤッフォにおいて、一九〇七年のことである。

若者たちは、ガリラヤに移ったが、開拓地セジエラでベングリオンらの努力でバル・ギオラは夜警に雇ってもらえることになった。自衛の必要はセジエラに限らない。次々出来てゆく開拓村を守る仕事がふえた。そこで、秘密のバル・ギオラを吸収し、新たに公に「ハショメール」という自衛組織が創設された。

ハショメールは、開拓地の発展と共に、ガリラヤ地方に限らず、各地で自衛のために働くようになる。新しい開拓者の世代のイメージを高めたが、一方、アラブ人から夜警の仕事と窃盗の機会を奪うことにもなり、これからアラブ人の摩擦が生じ始めた。

ジャーナリスト「ベングリオン」

ベングリオンの青年時代の話に戻ると、農業労働者をしながらダヴィッドは、「ポアレイ・ツィオン」のパレスチナ組織と関係をもっていた。その関係でイツハク・ベンツヴィーとも友人となっていた。イツハクは、彼より二歳年上だったが、生涯の同志となる。イツハクは、エルサレムでレハビアに高等学校《ギムナジウム》をつくった。パレスチナで二番目の学校は後にイスラエル建国後の有為な人材を生み出した。

ダヴィッドは、彼からエルサレムに来ないかと誘いを受ける。それは、『アフドゥート(団結)』というポアレイ・ツィオンの機関誌の編集員として一緒にやろうという。

「何を書くんだい。書いたことなんかないよ」と辞退した。しかし、結局、エルサレムに上った。

一九一〇年、二十四歳のダヴィッドは、新たにジャーナリストとして、歩み出す。その時に、初めて筆名として用いた「ベングリオン」を、自分のヘブライ語の姓とした。ベンとは「子」、グリオンとは「若いライオン」の意味だが、どうやら昔の英雄、ローマと戦ったユダヤ戦争の指導者ヨセフ・ベングリオンの名をとったらしい。

ベングリオン（左）とベンツヴィー
― トルコ留学中 ―

ベングリオンは、火を吐くようなシオニズムの弁論家となり、執筆者となった。友人のイツハク・ベンツヴィーが彼の才能を見抜いたことになる。その才能というのは、作家というより、労働運動の指導者として、また政治家としてのそれだった。(ベンツヴィー自身も、建国後第二代イスラエル国大統領になった)

ベングリオンは晩年、砂漠の開拓キブツ、スデーボケルに移り住んで、一キブツ員の生活を結構楽しんだが、若い日の経験を見れば、それも不思議ではない。

最初のキブツ――デガニア

エレツイスラエル事務所とユダヤ国民基金は、幾つかの訓練農場をつくっていた。その一つ、ガリラヤ湖畔のハバット・キネレットで研修し、働いていた青年たちに、実際に土地を貸して農業をさせることにした。ウム・ジュニと呼ばれる土地だった。ガリラヤ湖の南端から流れ出るヨルダン川の東岸にある。最初のグループの入植はうまくいかなかった。彼らは半年も経たず、そこを去る。

エレツ・イスラエル事務所長のルピン博士は、次に、〝ハデラ・コミューン〟の青年たちに声を掛けた。ハデラは地中海岸平野の開拓地で、若者たちが賃金もプールして共同生活をしていたので、コミューンといった。彼らは、日雇い労働などで苦労しながら、農

デガニアの開拓者たち（1925 年）

業経験を積んできた。当然、雇用労働者でなく、自分たちの土地で独立して働きたい。しかし、資金は持たない。そこで、ルピン博士は、最初の収穫まで、基金から彼らに生活資金とロバや馬、農機具などを貸し与えることにした。一年契約で始まった。

一九一〇年十月二十九日、十人の男と二人の女よりなるグループがウム・ジュニに着いた。その一人は日記にこう書いている。

「われわれは、ヘブライ労働者の独立した入植地を建設するためにやって来た。民族の地に、搾取者も非搾取者もいない社会を——コミューンをつくるために」

彼らの理想と目的は、イスラエルの地にユダヤ民族を労働する民として復活させ、自然に帰り、地を耕し、自分たちの労働の収穫で生活をし、平等に暮らすことであった。そのためには、共同生活（あるいは共産生活といってもよい）によってしかそれは実現しないと考えた。

労働は過酷であり、生活条件も厳しい。自然の環境も同様で、マラリヤなどにも罹る。しかし、彼らは互いに支え合って、頑張った。

最初の収穫後、ルピンに報告の手紙が届いた。「これから私たちの入植地をデガニアと呼ぶことにします。ここでは小麦、大麦、など五種類の穀類が育ちます（穀類をヘブライ語のダガンという）」

このデガニアは、その後に生まれる、イスラエル独特の共同村キブツの第一号になった。そして、デガニアは、キブツのモデルとなり、他のキブツの建設を助けた。キブツが大きく発展するのは一九二〇年代になってからである。

ただし、自分たちの共同体を「クブツァー」と呼んだ。デガニアをキブツと呼ばないのには、理由がある。理想の共同体を実現したい。家庭的な温かさとメンバーの意思を民主的に反映できる社会は、大きくなりすぎてはいけない。そのために、人員が増えてきたとき、デガニアの共同体は二つに分けることになった（一九二〇年）。キブツは、子供たちを親から離して集団で寝かせるが、デガニアでは、子供は家族の家で寝る。

デガニアは、新しい社会のあり方を示す成功したモデルと思われた。シオニスト機構もキブツ方式の入植を支援していくことになる。一九一四年には、デガニアは五十人のメンバーを数えた。草創期のメンバーの中には、他のキブツを創設するためにデガニアを立つ者もいた。

デガニアには、なぜか惹きつけるものがあった。一時ここで働いた人の名を挙げると、ヨセフ・トゥルンペルドール、ベレル・カッツネルソン、モーシェ・シャレット（後に外務大臣）らがいた。国防大臣となるモーシェ・ダヤンは、デガニアで生まれた二番目の赤ん坊だった。労働シオニストの指導的思想家、A・D・ゴルドンは、ここで肉体労働をし、ここで永眠した。次章で、ゴルドンについて語ろう。

まだティーン・エイジャー、二十代でありながら、親や家族を残して、パレスチナに帰還し、荒野を開拓した、無名の青年男女たちが、イスラエル建国の基を築いた――という感動物語はまだまだ語り尽くされていない。若さゆえに、勇気溢れる冒険ができたイスラエルのハルツィーム（パイオニア）に、心から礼賛の声を送りたい。

6章　労働シオニストの聖者
——アーロン・ダヴィッド・ゴルドン

二十一世紀に入って世界が大きく変化しているように、イスラエルも変化している。その一例に、イスラエルの建国の歴史に重要な役割を担ってきたキブツがある。

キブツは、二十世紀の初めロシア・東欧の帰還者が荒れ地に入植して、共同で開拓のために働き、私有財産を持たず、平等な社会を実現しようとした農業共同体であった。それは人類の夢、ユートピア社会の実験と見なされて、世界中から注目された。

しかし、資本主義経済に大きく舵を取ったイスラエルに、キブツの創建時代の形態が通じなくなったのは、時代の流れという以外にない。しかし、キブツの外側は変化しても、キブツの精神はイスラエルにとって今もなお重要な意味がある。

賢者は言う。未来に向かい未来を展望したいときには、もう一度過去を振り返ることだ。ここに歴史の意義と価値があると思うので、キブツの理想を生み出した一人の開拓者のことを紹介したい。

開拓の始まり

シオニズム運動が百数十年前に始まったころ、オスマン・トルコ帝国領のパレスチナはわずかに幾つかの都市に住民は集中し、土地の大部分が荒廃し、その中に昔ながらの農業と牧畜の生活を続けるアラブ人の村が点在するのみであった。

ユダヤ人は、アラブの不在地主から放置された不良の土地を購入して、沼地を干拓し、荒れ地を耕すことから開拓を始めた。そうして出来たのが、ペタフ・ティクバという町であり、一八八二年に最初に帰ってきた第一アリヤーの入植者のリション・レツィオンという町である。彼らは初期の困難な時代に、ユダヤ人の富豪ロスチャイルド男爵の助けを得て、入植地を広げていった。

次に第二アリヤーと呼ばれる帰還者の波が渡来したのは、一九〇四年からであった。ロシアから若い青年たちが、開拓者（ハルツィーム）を目指した。後の首相になるベングリオンやその他、後の指導者となる連中だったが、まず日雇労働者として働いたのである。

その一九〇四年に、若者たちに交じって一人のもう若くはない男性がロシアからパレスチナに労働者を志して移住した。すでに四十八歳であったその人の名はアーロン・ダヴィッド・ゴルドンと言った。

彼は、それまで故郷においては農園の管理事務所に働き、ホワイト・カラーの仕事しか経験がなかった。若者ならいざ知らず、老年に近い年齢でありながら、なぜそんな苦労を進んで背負うとしたのか。

A・D・ゴルドンの労働観

ゴルドンは、一八五六年、ロシアのトロヤノフ（現在、ウクライナ共和国）に、敬虔なユダヤ教徒の両親の元に生まれた。彼自身も、宗教教育を受けた。父親は農園管理の務めをし、彼もウクライナの森林で生活する体験をし、土地と自然を愛することを学んだ。

A・D・ゴルドン

ゴルドンは、農園事務所の職員として約二十三年間働いたが、かたわら、彼は若い人々に接し、教えるのが好きだった。天性の教師であった。ヘブライ語を奨励したり、シオニズム組織「ホベベイ・ツイオン」（シオンを愛する者の意）の運動に加わって、皆に呼びかけ、次第に熱心なシオニストになる。

ロシアでは概して平穏な日々であった。にもかかわらず、農園の所有者が代わるのを潮時に、事務的仕事を止めて、パレスチナに移住を決意した。妻と娘を置いて、一九〇四年、出立した。

彼の信念は、ユダヤ人は労働によって個人も民族も救われる、ということであった。長い間、ユダヤ民族は離散し、土を耕す労働から離れ、商業という仕事に偏った。肉体労働が民族の再生の基礎であると信じた。また、人間にとって仕事は生計の手段ではあるが、それ以上に大事なのは労働は人格完成のための源泉である、と考えた。

「労働の征服」

しかし、希望をもって帰還したゴルドンは、直ぐ大きな失望に直面せざるを得なかった。当時のパレスチナは、彼や新たに移住した若者たちの理想とは遠くかけ離れていた。先に移住した第一アリヤーのユダヤ人の入植生活は、まるで旧世界の資本家たちに似て見えた。農場やワイン工場の労働者にはアラブ人を雇い、ユダヤ人労働者を雇わない。雇うとしても季節労働者並みの待遇であった。

そこでゴルドンは、ユダヤ人の労働によってのみ、祖国は贖われるという「労働の神聖さ」を唱えることに残る生涯を献げることに一層決意した。それを、自分自身が肉体労働をすることで証明しようとした。

パレスチナの労働者の組織に二つあった。実際の行動においてはそれほど差がなかったが、ポアレイ・ツィオン（「シオンの労働者」の意）はマルクス主義を容認した思想をもち、ゴルドンはそのマルクス主義的イデオロギーに反対してハポエル・ハツァイール（「若い労働者」の意）を作った。

第二アリヤーのモットーは、「キブーシュ・ハアヴォダー」、直訳すると「労働の征服」という言葉であった。ユダヤ人の労働で祖国を再建するという意味であり、ゴルドンは「労働によって人格を完成する」という理念を加えた。

一介の労働者として

彼は、まずペタフ・ティクバで日雇労働に就いた。ついで、リション・レツィオンに移った。そこも長くなく、レホボットに働きに行った。きつい肉体労働の果てに、マラリヤにも罹った。三年後に、妻と娘がロシアからパレスチナに渡ってきた。

娘の回想に、「父は年老い、髪白くなり、衣服は着古されていた。しかし、父の態度と輝いた瞳は、最初の印象を忘れさせてくれた」と書いている。

彼はペタフ・ティクバの郊外の小さな入植地エン・ガニームに家を借りた。妻は間もなく病死、娘が父の世話をした。

ゴルドンの周りには、若者がどこでも集まってくる。彼は熱心に、彼の信念を語り、労働によってユダヤ民族の将来に希望を持つことを説いた。

一九〇八年から一〇年頃は、第二アリヤーの「絶望の時」と言われたが、多くの困難——肉体的な苦労、病気、貧困、精神的な悩み——が若者たちの志気を挫いていた。エン・ガニームで共に暮らした作家のヨセフ・ハイム・ブルンネルは、ユダヤ民族の将来に絶望した悲観論者であった。

この時代に移民した者の中には、この時期、パレスチナを去る者も少なからずいた。やむを得なかった。正確な統計はないが、約三分の一の人が去ったとも、四分の一の人が去ったとも言われる。

キブツ・デガニアとゴルドン

一九一〇年には初めてのキブツであるデガニア（ここだけは正式には「クブツァー」という）が、ガリラヤ湖の辺にできた。ゴルドンが、その創設に参加したわけではない。

デガニアの開拓者たち

一九一二年、彼は一労働者として、ガリラヤ方面の入植地に働きに行くことにした。

彼は、行くところどこででも労働者の父として敬われ慕われていた。若者たちは、彼に自分たちの問題を相談しにやって来た。

彼の貧しい部屋は飲み物も何もなかったが、若者たちは彼の温かい眼差しとその会話によって深い喜びをもらった。「エレツ・イスラエル（イスラエルの地）の労働者であることが人間の最高の幸福であるように感じた」と言う若者の回想の手記がある。

国民的歌手ナオミ・シエメルの尊敬する詩人ラヘルは、ゴルドンを師として深い感化を受けた。彼女の最初の詩は彼に献げられた。

デガニアに彼が腰を据えたのは、一九一九年、六十三歳のときだった。それまでにも、何度か滞在していたが、人生の最後を過ごすよう、デガニアから招待されたのである。

ここで彼は、キブツの住人がそうであるように、一人前の労働を分担し、三人部屋に住み、書くことは労働を終えたあとの夜か早朝にした。若い者たちと一緒に歌い踊った。彼はそれを本当に幸福に感じた。

ゴルドンは、正式のキブツ会員にならなかった。彼の信条では、社会の形態が何であれ、それ自体善いものとは言えない。団体に属することで人は変わらない。人間は個人を改善しなければ、社会は変わらない。ここに、マルクス主義に抵抗した理由があった。

一九二二年、六十六歳で彼は癌で亡くなった。ガリラヤ湖にほど近いキブツの墓に葬られた。

デガニアには、彼を記念する小さなミュージアムが作られている。

彼の死後、彼の教えに従う、シオニズム青年運動「ゴルドニア」がガリチア地方（現ウクライナ、ポーランドにまたがる地域。東欧ユダヤ人の居住多し）に設立されて、そのメンバーから数々のキブツが生まれた。ゴルドニアは、ゴルドンの精神に則って、シオニズムの文化的価値、ユダヤ民族の統一を強調し、マルクス階級史観を退けた。

＊

キブツ・デガニアは、二〇〇七年大改革を決定し、民営化に踏み切った。イスラエルの国民にショックを与えたが、それは時代の一つの象徴であった。

だが、労働を尊ぶキブツ精神は、イスラエル人の心に生き続け、盛んなＮＰＯのボランティア活動の献身へと引き継がれているように思える。

7章　知られざる勇気と犠牲

――スパイ組織「ニリ」をつくったアーロンソン兄妹

イスラエルの建国は、無名の多くの人々の犠牲の上に成ったが、同胞からの無理解と中傷に埋もれた者たちもいた。しかし、彼らの勇気と愛国心、行動の正しさはやがて歴史が証明する。そんな若者たちのことを語ろう。

第一次大戦の嵐が及ぶ

シオニズム運動の父ヘルツェルの死後も、パレスチナへ移住する人々の波が続いて、ユダヤ人の共同体は着実に成長していった。開拓村キブツがあちこちに作られ、また古い町ヤッフォの北の砂丘に新しい町テルアビブが定礎した。

ヘブライ語が新しい移民の共通語として定着する。パレスチナのユダヤ人社会が、ヘブライ語で「イシューブ」と呼ばれるように、荒野を開拓する苦労にたえながらも、ユダヤ人の人口は増えて共同体を形づくった。未来への希望があった。

しかし、一九一四年、第一次世界大戦が勃発すると、パレスチナのユダヤ人社会に大きな災難が見舞った。

第一次大戦は、英国、フランス、ロシアの連合国とドイツ、オーストリアなどの同盟国との間の、ヨーロッパ諸国を巻き込んで、主にヨーロッパを戦場とした未曾有の戦争だった。しかし、中東にも影響を及ぼさずにはおかない。トルコがドイツ側に付いたため、トルコと英国が敵対国となり、トルコの領土であるパレスチナは、エジプトのカイロを実質支配する英国と対峙する前線になってしまった。

パレスチナに移住した多くのユダヤ人は、ロシア出身だった。皮肉にも、ロシアから逃れてきたユダヤ人も、トルコから見れば、ロシア国籍の敵国人である。トルコ政府は、厳しく対処してきた。英国のスパイがうろうろしているのではと、トルコの役人は猜疑《さいぎ》心に駆られる。ヘブライ語の通り名表示の看板すらテルアビブ市から撤去させるなど、シオニズムを非合法化し、弾圧する。

後には、ヤッフォやテルアビブから多くの人々が追放されて、北の農村やエジプトに避難せざるをえなかった。各地にいるユダヤ人も、不便と不自由な境遇に陥った。パレスチナのユダヤ人には、保護してくれる何ものもない。イシューブとしては、なるべくトルコの権力に逆らわず、嵐の過ぎ去るのをひたすら待つしか道はない。

ある女性の決意

一九一五年、一人の若いユダヤ人女性が、選りに択《よ》って、この苦難にあふれるパレスチナにコンスタンチノープル（イスタンブール）から帰ってきた。その名をサラ・アーロンソンといった。サラは、もともと第一アリヤーで帰還した両親をもつ、第二世代である。ハンガリー系のユダヤ人と結婚して、トルコの首都に住んでいたが、開拓時代の自然の中で馬に乗って野山を駆け回るようなサラには、都市のユダヤ社会には馴染めず、都会生活に耐え難かったのだろうか。夫と別れて、パレスチナに戻った。自分の故郷の苦境を聞くと、愛国心が黙しがたい。何か役に立ちたかったにちがいない。

実は、胸に大きな恐怖を抱いて、どうしてもパレスチナのイシューブを救わなければ、との使命感のような思いにとりつかれていた。トルコで彼女が目撃した事件に衝撃を受けたのだった。有名なアルメニア人虐殺である。（キリスト教徒のアルメニア人は、一五〇万人がトルコによって組織的に虐殺されたと主張し、トルコは戦時下の不幸な犠牲者に過ぎないと主張し、いまもなお国際問題になっている）

サラ・アーロンソン

サラは、この事実を伝えたかった。トルコが無防備のアルメニア人にあのような無慈悲な虐殺をやれた以上、パレスチナのユダヤ人も同様な運命が襲ってこないとも限らない。

実際、後にナチスのヒトラーが手本にしたのが「アルメニア人虐殺」だったとも言われる。国際社会は、トルコの非人間的な大殺戮《さつりく》を非難し、裁くことをしなかったからである。

サラの説得に、初めのうちは誰も耳を傾けなかったが、やっと兄のアロンが理解した。トルコの支配下にあるユダヤ人の運命を救うのは、だれか。パレスチナからトルコ軍が駆逐される以外にない。連合国の勝利に役立つ何かをしなければならない。

サラとアロンは、パレスチナのトルコ軍の情報を英国に提供しようと考えた。少数のユダヤ人を仲間に加えた。情報活動、つまり簡単にいえば「スパイ」となること。それは大変に危険な行為である。

家族と少数の友人とで秘密のスパイ組織を作った。コード名として、ニリ（Nili）と称する。それは、聖書の中の一句、「ネツァフ・イスラエル・ロー・イシャケル（イスラエルの栄光は偽らない）」（サムエル記上一五・二九）の頭文字から取られている。

当初、アロンのグループは、ユダヤの自衛組織、ハショメールに協力を求めたが、拒否された。

著名な農学者の地位を利用して

アーロンソン一家は、ルーマニアから一八八二年に帰還し、ズィフロン・ヤアコヴを建設した開拓者であった。

アロン・アーロンソン

サラの兄アロン・アーロンソン（一八七六～一九一九年）は、植物学者、農学者として欧米に名が知れ渡るほど高名だった。それは一九〇六年、北ガリラヤのローシュ・ピナで、アロンが「小麦の原種」を発見したからである。おかげでアロンは、米国ユダヤ人の援助で、ズィフロン・ヤアコヴの近くのアトリートに農業試験所を作ることができた。

地中海の波うち寄せる岸辺に十字軍の遺跡がある。その裏手にアロンの農業試験所が位置していた。

サラとアロンが、彼らの秘密の情報活動をどのように始めていいか、思案していた頃、不思議な機会が訪れた。一九一五年の過ぎ越しの祭りを前に、突然にイナゴの大群がこの地域を襲った。食糧飢饉を招く、最悪の被害が予想された。トルコ政府は、トルコ軍を維持するためにも、イナゴ対策は最大の緊急事だ。農学者のアロンに救済を頼んできた。

これをチャンスに、対策チームを組んで、アロンはニリの一員である友人のアブシャロム・ファインベルグほかをパレスチナ、シリアの各地に派遣した。イナゴ退治のためならどこにでも行くことが許されたのである。こうしてトルコ軍の情報をあつめることができた。

問題は、英国との接触であった。どこと連絡し、どのようにして信用してもらえるか。最初は、弟のアレックスを密かに、カイロに遣わすが、相手にされなかった。結局、アロン自身が英国に行って説得するしかないと決意した。しかし、トルコに疑われたら、元も子もない。そこで、彼はイナゴ対策のためにベルリンの科学者の所に行く口実で、出国。ベルリンでは、中立国である米国のある人物と出会い、何らかの工作をしたようだ。デンマークから米国に向けて出航した船に乗ったが、その船は英国海軍に臨検されて、アロンは拿捕《だほ》される。トルコ側の嫌疑を起こさないで、こうして、彼は英国に渡った。そして、カイロに派遣された。

船と伝書鳩

アロンからの連絡が途絶えたパレスチナのニリの連中は、あせった。

待ちきれず、シナイ半島経由で英国軍とコンタクトしようと、一九一七年の一月、アブシャロム・ファインベルグはヨセフ・リシャンスキーと共に出かけた。

不運にして、途中で、ベドウィン（砂漠の遊牧民）に襲われて、ファインベルグは死に、リシャンスキーは負傷した。本当の事実は誰も分からない。リシャンスキーの証言しかない。この事件は、不信をもって見られた。二人は、サラをめぐる恋敵と思われていたからである。五十年後、劇的に展開することになる。

アブシャロム・ファインベルグ

それでも、リシャンスキーはカイロに着いて、アロンと再開できた。

アロンの留守中、妹のサラがアトリートで役割を担っていた。ある日、アトリートの沖合に、船が泊まる。蒸気の煙がのぼる。民間船に装った英国のス

ヨセフ・
リシャンスキー

パイ船だった。サラは、海の見える農業試験所のベランダに白いスーツを垂らす。兼ねての約束のとおり、安全を告げる合図だった。

夜、ボートが岸に向かう。ボートに乗ってきたのは、リシャンスキーだった。サラにとっての恋人は、ファインベルグだったが、帰らぬ人となったことを知らされる。英国船からはイシューブへの援助金が届けられ、ニリの収集した情報がサラから英国側に渡った。

資金はトルコの役人の疑惑を招かぬよう、戦前の金貨で整えられた。ニリに批判的であったイシューブも、この資金は喜んで受け取った。

船での情報収集は、二月から九月まで及んだ。しかし、ドイツの潜水艦の出没で危険になる。一方、カイロの英国軍もパレスチナ侵攻に満を持していた。そのためにも、トルコ軍の情報は欠かせない。船を送るのを止めて、伝書鳩を使うようにした。

九月、一羽の鳩がトルコ軍の基地に降りて、捕らえられる。暗号文が見つかり、トルコ軍は親英スパイ網の存在の証拠をつかまえて、厳しい探索が開始された。それ以前から、サラの身を案じていた兄のアロンは、カイロに脱出するように薦めていたが、それを拒んでサラは任務にいっそう励んだのだった。多くの人々が拘束される。

ついに、サラの周囲にも、トルコ官憲の手が回り、サラ自身が自宅で捕縛された。四日間、ひどい拷問にあう。しかし、口を割らない。そこで、ナザレの警察本部に連行されることになった。そこで専門的な拷問にかけられるだろう。サラは、着替えを請うて、敵の一瞬の油断をつき、浴室に隠してあった拳銃で自死した。二十七歳の若さで、逝った。

アレンビー将軍の征服のかげに

英国軍の将軍エドムンド・アレンビーは、シナイ半島を進軍し、予想されたガザを迂回して、ネゲブの砂漠に向かい、ベエルシェバに進撃した。このとき、アロン・アーロンソンはネゲブの水資源や詳しい地理の知識を提供した。トルコ軍に関する情報と共に、彼の存在が、英軍の勝利に寄与したはずだ。

英国の首相ロイド・ジョージは、アレンビーに「エルサレムをクリスマス・プレゼントにくれないかね」と言ったが、アレンビー将軍は一九一七年十二月十一日、エルサレムに入城してその約束を果たした。こうして、四百年余のオスマン・トルコ帝国のエルサレム支配は終わりを告げ、パレスチナに新しい時代が訪れようとしていた。

残念ながら、親英スパイ組織、ニリについては、パレスチナの主流派は懐疑的であっ

エルサレムに入場するアレンビー将軍（1917 年）

た。その活動を非難し、功罪相半ばすると、その功績を認めるのに躊躇した。トルコ当局と妥協していく道を選んでいたからである。

しかし、アロン、サラはじめ、ニリの若者たちは、批判を恐れず、孤立を恐れず、自らの命をささげることを厭わず、ユダヤ社会を守る道は、英国や連合国の側に付く以外にないことを信じて、その信念を貫いた。ニリは、総数四十名足らずのグループだった。

第一アリヤーの子供たちである第二世代のこれらの若者たちは、親たちの、トルコ当局にすり寄る姿勢を拒否した。代わりに、困難な時期に未来を見据えての行動力と勇気を示し、犠牲を惜しまなかった。

サラと一緒に活動したリシャンスキーは、イシューブの保護を得られず、転々と逃亡した末、捕らえられ、ダマスカスで公開死刑に処せられていた。

戦後、アロンは、一九一八年、「シオニスト委員会」の一員としてパレスチナに帰ってきた。ハイム・ワイツマンを代表とするシオニストの代表団である。

アロンのパレスチナの風土に関する豊富な知識と彼の愛国心と献身を評価して、ワイツマンは彼をパリの講和会議に参加するユダヤ人の中に加えたのである。ロンドンに戻ったアロンを乗せてパリに向かった飛行機が、一九一九年五月、ドーヴァー海峡上空で霧の中で行方不明になった。ニリの人々を襲った悲劇に、アロンも連なってしまった。

アロンはニリを政治運動の組織に変えてシオニスト運動に奉仕しようと願っていたが、結局、それは成らず、ニリは消滅した。

情報活動というものは、どんなに成功しても、その功績が公にされることのない性質のものだ。ニリも同様だった。ついに、イシューブから感謝の言葉は贈られなかった。

しかし、英国の軍情報部長、マクドノー将軍はこう述べた。

「アレンビー将軍は明らかに、敵のすべての動きの情報をパレスチナ在の情報部員から得ていた。敵のすべてのカードが彼には見え見えだった。それで自信を持って自分の作戦を実行できたのだ。そういう状況だったから、勝利は始める前から確実だった」

情報戦に長けた英国軍が、ニリの価値を知り、十分に利用したであろうことは、想像に難くない。

後日談――五十年後に顕彰される

一九六七年、六日戦争で、イスラエルがシナイ半島を占領したことから、奇跡的なことが起こった。

ラファフという町の近くの、「ユダヤ人の墓」と呼ばれたナツメヤシの木の辺に、ベドウィンの老人が国防軍の将校を連れて行った。そこにユダヤ人が葬られているという。そこを掘り越してみると、遺骨が発見され、それがなんと五十年前に殺されたアブシャロム・ファインベルグのものだとわかった。遺品を彼の妹のツィラが同定した。

ナツメヤシの木は、彼のポケットに入っていたナツメヤシの実が芽を出し育ったのである。砂漠の中でよく育ったものだ。まことに不思議な、天のなせる業ではなかろうか。

こうしてニリの連絡員の失踪の真実が、明らかになった。同志リシャンスキーの言っていたとおりだった。

ファインベルグは、一九六七年十一月二十九日、ヘルツェルの丘（エルサレム）の軍人墓地に、国家の指導者列席のもとに〝国家的英雄〟として再埋葬された。

国会議長は、弔辞の中で、ユダヤ人の歴史に悲劇的な誤解が満ちているが、ニリについてもその例だったことを認め、謝罪し、祖国回復のために犠牲となったファインベルグおよびニリの貢献を称えた。

イスラエル国家は、ニリの活動の正しかったことを公式に顕彰したのである。

さらに十二年後、ダマスカスで公開処刑されたリシャンスキーの遺骨が取り戻されて、ヘルツェルの丘に埋葬された。

今も、第一次世界大戦中の勇敢なスパイ組織「ニリ」については、ズィフロン・ヤアコヴに記念館があって、イスラエルの人々にその真実を伝えている。

8章　祖国のために死ぬことは、素晴らしいこと

――ユダヤ戦士トゥルンペルドール

日露戦争の英雄

百年前、日露戦争を戦った当時のロシアでは、ユダヤ人は〝臆病者〟と嘲笑されていた。

それればかりではない。ロシアのユダヤ人は、しばしば理由もなくロシア民衆の暴動（ポグロム）に襲われた。ロシアの官憲はユダヤ人の迫害されるのを見逃し、あるいは唆《そそのか》しすらした。権力者への不満をそらすスケープゴートとしてユダヤ人が利用されたのである。自衛する手段はなかった。抵抗できないユダヤ人の姿は、臆病としか見えなかった。

しかし、その風潮の中で、ユダヤ人の誇りと勇気を表した一人のユダヤ系ロシア人がいた。その名をヨセフ・トゥルンペルドールという。

一九〇四年、彼は日露戦争ではロシアの旅順要塞で戦う兵士の一人だった。白兵戦の突撃部隊に志願し、彼の名は所属連隊の誇りとなるほど勇敢であった。ある時、出陣前の指揮官が「わが部隊に、ユダヤ人がいなければ、臆病者も裏切り者も出ないはずだ」と口にした。すると、トゥルンペルドールはすぐさま、一歩前に出て言った、「自分はユダヤ人であります」と。

八月、激しい戦闘の最中、彼は日本軍の榴弾砲《りゅうだん》の砲撃を受けて、左腕を肘《ひじ》から切断した。病院から退院すると、上官のところに行き、再び前線に戻る許可を願い出た。「私が、片腕しかないのは事実ですが、右手は剣でもピストルでも使えます」と。彼は許されて、前線に赴いた。

旅順が陥落した後、トゥルンペルドールは日本軍の捕虜となり、大阪の高石市にあった浜寺捕虜収容所などで過ごすことになる。日本のロシア兵捕虜への待遇は、大変よかった。捕虜たちの自治を許した。彼は、収容所の中で、同胞のユダヤ人にシオニズムの思想を鼓吹《こすい》し、ヘブライ語の講座を開いたり、ロシア語の「ユダヤ人の生活」という新聞をつくったり、シオニズム運動を実践した。数百人のユダヤ系捕虜に共通の目的を与えたのである。また、ロシア人にはロシア語を教え（文盲が多かった）、他の少数民族出身の者たちを励ました。

浜寺捕虜収容所での
トゥルンペルドール

日本で過ごすうちに、トゥルンペルドールは小国日本がなぜロシアに勝ったかをよく観察した。一丸となって国のために身を捧げた愛国心、捕虜への適正な処遇をする政府、捕虜と地元民との親愛に満ちた交流、誰もが読み書きできる教育水準の高さ、このような日本に出会ったことは、彼の後の生涯に影響を与えた。

ユダヤ人を恥じない父親の感化

さて、何がトゥルンペルドールをこのような、勇気あるユダヤ人、しかもシオニストとしたのだろうか。彼の生い立ちを見てみよう。

彼は、一八八〇年、ロシア帝国の北カフカス（黒海とカスピ海の間の地域）の明媚な町ピャチゴルスクに生まれた。父親は二十五年間ロシア軍に仕えたが、優秀な兵士であった。反ユダヤ主義の濃い環境の中で、キリスト教への改宗を迫られても、ユダヤ人としてのアイデンティティーを失うことなく、ユダヤ教への忠誠を守った。父親はその誇りを息子のヨセフにも伝えたのである。

といっても、彼の家庭は特に宗教的でもなかった。一九〇二年に、一般のロシアのギムナジウム（高校）を卒業すると、歯科を学ぶために大学に進学したその先で、トルストイの理想主義をもって農業共同体を作るグループに出会った。彼自身もトルストイアン（トルストイ主義者）になった。若いときから、理想主義の肌合いの持ち主だった。

この頃、彼を興奮させたものがもう一つあった。ヘルツェルのシオニスト会議のことを聞いた。イスラエルの再建というヴィジョンを知って、パレスチナにおいて土を耕す農業共同体の夢を彼は描いた。まだキブツ運動が生まれる以前の頃だった。

一九〇二年、彼はロシア軍に徴兵される。ロシア人として、当然の義務を果たすつもりであった。ロシアに蔓延《まんえん》する、ユダヤ人は臆病者という蔑視を見返してやりたかった。日露戦争が起こると、先に述べたように前線に出たのであった。

開拓者の青年運動を

さて、一九〇六年、捕虜生活からロシアに帰還すると、帝国に忠誠を尽くしたトゥルンペルドールは、ユダヤ人としては例外的な歓迎を受けた。その勇気と武勲に対して聖ゲ

ヨセフ・トゥルンペルドール

オルギー勲章を授けられ、軍においてユダヤ人としては最初の士官となる栄誉を与えられた。反ユダヤ主義の国では異例であろう。もしロシア正教に改宗するなら、ロシア社会で輝かしい将来が待っている。軍の中でも、歯科医としても。

だが、彼にはもう一つの呼び声が響いていた。ユダヤ人の祖国の地に帰還し、イスラエル再建のために身を捧げること、聖なる大地を再び耕す農業共同体をつくること。

彼は机上の思想家ではなかった。サンクトペテルブルグの大学で法律を学びつつ、一九一一年、彼は青年運動を組織した。パレスチナに入植する若者を募り、シオニズムの精神を吹き込もうとした。その運動を「ヘハルーツ」（ヘブライ語で、開拓者の意）と呼んだ。ヘハルーツ運動は、後のち第一次世界大戦後に大きく花開く。

パレスチナに渡る

実際、一九一二年にトゥルンペルドールは、幾人かの青年を引きつれて、パレスチナに着いた。ガリラヤ湖の辺に出来たばかりの最初のキブツ（農業共同体）、デガニアで働いた。片腕の身で、不自由があっただろうが、人並み以上に働いた。彼は誇り高かった。ある時、仲間の一人が彼の靴紐を結んであげようとした。トゥルンペルドールは決然と拒否したというエピソードが残っている。

パレスチナは、まだ治安が良くなかった。ユダヤ人の開拓村に盗賊が忍び込んだり、襲ったりする。ガリラヤ地方に点在する農業村をアラブの泥棒から守るために、ユダヤ人の青年たちは自警団、ハショメールをつくった。このハショメールという組織は、第二アリヤーの特質をよく表していた。彼らの先駆者の第一アリヤーは、警備にアラブ人を低賃金で雇っていたが、ユダヤ人は自ら守るべきであると主張した。その理想にトゥルンペルドールも共感したのは間違いない。彼がハショメールの一員になったかどうかは分からないが、軍人だった彼の支援があったといわれる。

間もなく、一九一四年、第一次世界大戦が勃発した。この世界的大事件がパレスチナのユダヤ社会を揺り動かしたことは、すでに述べた。トゥルンペルドールは、トルコ政府によって追放され、エジプトに避難した。そこで彼は運命的な出会いと新しい使命が待っていた。

ジャボチンスキーとの運命的な出会い

エジプトでトゥルンペルドールは、ゼエブ・ジャボチンスキーという名のロシア人ジャーナリストに出会った。熱烈なシオニストであり、歳も同年配で、同じ志を抱いていることを知って、たちまち友人となった。その志とは、ユダヤ人が戦うこと。

ジャボチンスキーは、トルコがドイツ側、つまり同盟国側に付いたことを知ると、トルコは必ず負けると確信した。英国がパレスチナに進撃すると予測し、ユダヤ人だけの旅団をつくって英国を支援すること、これがシオニズムの目標を実現する道だと考えた。

ゼエブ・ジャボチンスキー

英国軍は彼のユダヤ旅団の構想を却下した。パレスチナに侵攻する予定はない。ただし、協力するつもりなら、トルコ戦線のどこかで行なわれる作戦に、輸送部隊としてなら、ユダヤ人部隊を考えてもよいと提案してきた。ラバを使う輸送部隊である。

栄光ある戦闘部隊を願うジャボチンスキーは断固、その案を拒絶した。ところが、トゥルンペルドールは、それもいいではないか、輸送部隊でも不名誉ではない、大事なことはユダヤ人がユダヤ人として戦うことだ、戦場に出ることだ、と考えた。

エジプト在住のユダヤ人たちは、トゥルンペルドールに賛成した。

シオン・ラバ部隊――最初のユダヤ人軍隊

英国軍がトルコの首都コンスタンチノープルを目指して、ガリポリ半島（ダーダネルス海峡の西側）に上陸作戦を開始したのは、一九一五年四月二十五日。それを感動しながら見守るなかに、「シオン・ラバ部隊」を指揮するトゥルンペルドールがいた。正確には、指揮官はアイルランド出身のジョン・ヘンリー・パターソンという親ユダヤの大佐であって、トゥルンペルドールは副官で位は大尉であった。

ラバ部隊は、六五〇人のラバ使いの兵士と七五〇頭のラバより成る。戦闘部隊ではなかったが、激戦の中、銃弾をかいくぐり、塹壕《ざんごう》の中を通り、軍需物資を運搬する困難な任務をよく果たし、英軍に貢献した。パターソンによれば、トゥルンペルドールは、戦場を愛して、激戦になればなるほど、喜んだという。ガリポリ戦の英軍司令官ハミルトン卿は、ラバ部隊の勇敢さを称えた。

なにしろ二千年ぶりの正式なユダヤ人の軍隊である。ヘブライ語の軍用語を話し、誇らかにブルーと白のシオニスト旗を掲げて、皆素人の軍人だったが、本当によく戦った。

しかし、ガリポリ戦は英国にとって、悲劇であった。九カ月間に二十万人の死傷者を出し、結局、撤退せざるを得なかった。相手はトルコ軍の勇猛なムスタファ・ケマル将軍であったのが不運であった。ラバ部隊も、解散となった。

ジャボチンスキーは、ユダヤ人旅団の編成を英国に要請し続けたが、パターソン大佐の口添えもあってか、英国の政策が変わったのか、一九一七年、ユダヤ人旅団は結成が許されて、アレンビー将軍の麾下《きか》でパレスチナに遣わされることになる。

ロシアに戻って

トゥルンペルドールは、遅々として成らないユダヤ人旅団には参加せず、ロシアに戻ることにした。彼は、ペテルグラードでユダヤ人部隊の志願者を募ろうとした。

一九一七年三月、ロシア革命が始まった。ユダヤ人への迫害が起こりそうになると、自衛組織をつくり、同胞を守ろうとした。革命政府も最初は彼の活動を許可したものの、その十一月ボルシェビキ政権が実権を握ると、いかなる自衛組織も禁止され、彼は逮捕された。まもなく、釈放された。

今度は、もう一度、ヘハルーツ運動に戻り、パレスチナに入植する青年たちを募った。

この運動は、大きな移民の流れを生んだ。いわゆる、第三アリヤーという帰還者の群れは、農業労働に従事するにとどまらず、ユダヤ社会の建設に必要なあらゆる分野に携わって、建国への礎を作るのに貢献した。共鳴者はロシアから東欧に広がり、各地に支部を設けて、青年たちに帰還を働きかけた。

トゥルンペルドールは、シオンを目指す青年たちに、シオニストの精神をこう語っている。

「開拓者（ハルーツ）とは何か。単なる労働者なのか。その意味するところはもっと大きい。開拓者は労働者でなければならないが、それだけではない。〝すべてのもの〟になろうとする人が必要だ——エレツ・イスラエル（イスラエルの地）が必要とするすべてのものだ。開拓者とは、加工する前の鉄の塊のようなものだ。この鉄から機械に必要なすべてのものができる。歯車が足りない？　わたしが歯車だ。釘が、ネジが足りない？　わたしを使いなさい。土を耕す者が必要なら、それをしよう。兵士が必要なら、わたしがいる。警官、医師、法律家、芸術家、教師、水汲み？　何でもわたしはしよう。わたしには形がない。わたしには選り好みはない。わたしには個人的な感情も、名もない。シオンの僕だ。とらわれもなく、あらゆる事をなす用意がある。ただ一つの目的を持っているだけだ——イスラエルの国を建てること」

危機をはらむ北部の守りに

一九二〇年、再びトゥルンペルドールはパレスチナに帰ってきた。大戦後の状況は、大きく様変わりしていた。トルコの支配は駆逐され、英国が委任統治することになった。バルフォア宣言で約束したように、ユダヤ人がナショナル・ホーム（民族郷土）を作るまで、英国が支援するはずであった。（現実は、反対であった）

一方、シリア（現在のレバノンをも含む）はフランスの委任統治領とされた。ところが、委任統治領のパレスチナとシリアの境界がはっきりしないことが問題であった。この北ガリラヤの地域に、四つのユダヤ人村が存在したが、英国もフランスも軍隊を引き払い、いわば軍事空白の中間地帯になっていて、ユダヤ人村にとって防衛上、非常に危険になった。いつアラブ人の襲撃があるかもしれないからだ。四つの村のうちハムラは撤退し、メトゥラとクファル・ギルアディ、テル・ハイは残った。

トゥルンペルドールは、到着早々、クファル・ギルアディに駆けつけた。防衛の算段をするが、テルアビブのシオニスト本部にも援軍を頼む。テルアビブの幹部は北部の村を保つべきか放棄するべきか、議論になった。ジャボチンスキーすら、現況の自分たちの力では支えきれないと考えた。しかし、トゥルンペルドールは、ユダヤ人の耕した村は絶対に放棄すべきでないとの固い決意である。

テル・ハイの戦い

レバノンのアラブ人は、フランス軍を面白く思わない。つい先頃も、アラブの武装集団がフランス軍を追い払うことまでしでかした。

テル・ハイ

一九二〇年三月一日、それは起こった。アラブの武装集団がテル・ハイの門にやって来た。フランス兵を匿《かくま》っていないのか、探させてくれと求めた。ユダヤ人は中立を保っていたので、それを許した。戦闘が始まったのは、双方の誤解からだったらしいが、詳しいことは不明である。テル・ハイの誰かがクファル・ギルアディに援軍を求めて、合図の銃を撃ったために、アラブ人が勘違いして戦闘になったともいう。

この時のテル・ハイでの戦いで、トゥルンペルドールは自らは腹を撃たれていながら、少人数の兵員を見事に指揮して、クファル・ギルアディの援軍が到着するまで持ち堪

テル・ハイ記念のライオン像

えた。彼の沈着ぶりを伝える逸話がある。仲間に手を洗って、はみ出した臓器をおし戻してくれるように頼んだという。

護送される途上、彼は息を引き取った。彼を含め、八名が戦死した。

彼が最期に言ったとされる言葉は、その後、開拓者の間で、またユダヤ戦士の間で合い言葉となった。

「我らの国のために死ぬことは、素晴らしいことだ（トーヴ・ラムート・ベアド・アルツェーヌ טוב למות בעד ארצנו）」

テル・ハイは一時、撤退したが、その冬、再び入植した。

トゥルンペルドールの遺産

トゥルンペルドールは、目に見えない遺産をユダヤ民族に残した。彼は、死後もなお生前以上にシオニズムのために働いたと言えよう。

ユダヤの民ほど、十人十色で、意見の衝突し合う民族はない。シオニズムにおいても、考え方や生き方は様々である。しかし、団結しなければ大きな目標には到達できない。トゥルンペルドールは、シオニズムの統合の象徴になった。

一九二〇年、トゥルンペルドールが帰ってきたとき、労働シオニズム陣営は二つに分裂していた。彼はそのことを心配して、労働運動の統一を呼び掛けた。彼の死後、労働陣営は各派が参加して、その年十二月に労働組合の労働総同盟（ヒスタドルート）が成った。

左派も右派も彼を称えて、彼の名を借用した。翌年に出来たキブツ、テル・ヨセフがその一つ。ジャボチンスキーは右派の青年運動をベイタール（בית"ר Betar）と名付けた。(Brit Joseph Trumpeldor の頭字語)

テル・ハイの記憶は、一九四八年、独立戦争の困難な闘いに模範となった。アラブの大軍に抗して、デガニア、ミシュマル・ハエメク、ネグバの防衛戦を少人数で善く戦った。

左派から見ると、彼は社会主義者であり労働者であり、協同生活の信奉者であった。右派から見ると、彼はユダヤの祖国のために戦った戦士であり、祖国の地を守った愛国者であった。すべてのユダヤ人にとって、日露戦争、ガリポリ作戦、テル・ハイの戦いをユダヤ人として誇らかに戦ったトゥルンペルドールは、ヒーローである。

9章　テルアビブ　砂丘に生まれた未来都市

――無から有を生んだ六十家族

エルサレムが三千年の歴史をもち、宗教的な伝統の香りがする首都であるのに対して、テルアビブは近代的な経済、文化、教育の中心地である。イスラエルの代表的な都市テルアビブが誕生して、二〇〇九年には百周年を迎えた。

テルアビブのロン・フルダイ市長は、キブツで生まれたサブラ（イスラエルっ子）であるが、ベテランの戦闘機乗り出身の空軍准将、また由緒ある（テルアビブ最初の）ヘルツリア高等学校の校長を務めた教育者でもあった。一九九八年以来、市長を務めているが、百周年に当たって、こう祝意を述べた。

「百年前、私たちの町の創設者は、砂丘の荒れ地が、将来必ずや活気に満ちた都市になるとのヴィジョンを信じて、町づくりに取り組みました。その結果、その夢は実現したのです。テルアビブ四十万市民は、この町を『わが町』と呼び得ることを誇りに思っています」

これは、やや事実と違う。創設者のだれも、今のような繁栄した巨大都市になるとは予想すらしなかった。創設当初、ある人が、十万人の町になると言ったとき、皆に笑われ、それすら信じられなかった。しかし、ごく少数の夢見る人がいたのだ。ちょうど、建国の父、ヘルツェルのように。

シオニズムは、多くのユダヤ人からは反対された夢のような話だった。

テルアビブを語ることなしに、ユダヤ民族の建国運動、シオニズムの精神と実態を十分に知ることはできない。今回は、イスラエル建国までのテルアビブの歴史を紹介したい。

歴史豊かなヤッフォ

ここで、パレスチナという言葉について。

古代のユダヤ国家がローマ帝国によって滅ぼされた後、ローマはユダヤ人の住んでいた地域をパレスチナと呼び替えた。歴史的な地理的名称であるこのパレスチナを、ヘブライ語でエレッツ・イスラエル（イスラエルの地の意）とユダヤ人は呼んでいる。

パレスチナは現在、政治的な名称にもなっているので、近代史において用いるとき、混

19世紀頃のヤッフォ港

乱と誤解を招きやすいので注意が必要である。本記事では、パレスチナがエレツ・イスラエルの地理的名称として用いたことを前置きしておく。

パレスチナには、陸路を除き、空港ができるまでは、地中海を海路で多くの人々がやって来た。それを迎える港が玄関の役を果たした。地中海に面したヤッフォは、港のおかげで古代から栄えた港町だ。いわば、〝シオンへの門〟である。

ヤッフォの名称はヘブライ語だが、日本語訳聖書ではヨッパ、ヤッファ、英語訳ではJaffa、それをそのままジャファと呼んだりする。

さて、三千五百年前の、エジプトの資料に、王が征服した町の一つとして初めて登場して以来、旧約聖書にも新約聖書にもその名を留めるという、名誉を得た。

エルサレム神殿の建築に使われたレバノン杉がヤッフォの港を経由して運ばれた。もっと有名な話は、預言者ヨナが神の命令を避けて逃げ出したのが、この港からだった。イエスの使徒ペテロが、ヤッフォに滞在していたことも、使徒行伝に記録されている。

パレスチナは、ユダヤ国家が消えて、ローマの属州になったときから、ずっと周辺の大国の支配下にあった。ローマの後、ビザンチン帝国、イスラム帝国、十字軍、等々。

しかし、パレスチナはユダヤ教やキリスト教の聖地としての性格は失わなかった。危険な時代もあったが、それでもたえず巡礼者が訪れた。ヤッフォは、聖地を行き来する巡礼者や商人を運ぶ船の港として存在し続けた。

ちなみに、日本人で最初に聖地に足を踏んだのは、江戸初期のキリシタン、ペトロ岐部である。彼は、陸路シリア方面からパレスチナに入り、聖地の各所を訪ねた後、ヤッフォの港からローマに向かったという。

次に記録に残るのは、徳富蘆花が明治三十九年（一九〇六年）、南回りでエジプトに行き、その後、汽船に乗ってヤッフォの港に着いたとある。彼の『順礼紀行』は、当時のヤッフォの様子が詳しく名文で述べてあり、貴重な証言となっている。

「二十三日、朝八時ジャファ着。地中海の碧《みどり》に映る一帯の赭《あか》き沙丘、丘の上より浜かけて赭き黄なる白き家の高低参差《しんし》と立ならびたる、これ昔わが儘《まま》っ子の預言者ヨナが逃げ、基門《きもん》の子路《しろ》なるペテロが異象《まぼろし》を見しヨッパのあとなり。いで上陸と支度するに、思いもかけぬ二十四時間の検疫あり。……

二十四日、朝八時半いよいよ上陸。旅券係の豚のごとく肥えたるトルコ帽の翁《おきな》、余《よ》の旅券を見るより「おお、貴君《あなた》は日本人」と相好崩《くず》したるはよけれど、税関の混雑と虻《あぶ》のごとくたかり来る宿引《やどひき》に辟易《へきえき》し、そこそこに馬車にて石だらけなるジャファの隘巷《あいこう》をのぼり……」

蘆花の訪れた当時、パレスチナはオスマン・トルコの領土であり、日露戦争の直後で、トルコ人の親日的な姿がうかがえる、興味深い描写である。

ユダヤ移民とヤッフォ

十九世紀になって、ユダヤ人がパレスチナに帰還した際も、その交通は海路でヤッフォの港に上陸した。ちょうど、ユダヤ人がアメリカに移住するとき、ニューヨークのエリス島に上陸するのと似ている。

当時は、この港町の住民は、アラブ人がほとんどだった。そこにユダヤ人が住み始めたのは（ユダヤ人居住の再開というべきかもしれない）、一人のユダヤ人の働きからだった。

一八二〇年、コンスタンチノープルからやって来た、名をイシャヤ・アジマンというラビが、一軒の家を買って、ユダヤ人の宿に供した。この家は、アラブ人から「ダアル・アル・ヤフド（ユダヤ人の家）」と呼ばれる。やがて、北アフリカから移住してきた人たちがここに住み始め、工芸品を作ったり、商業に携わったりした。

この伝統は、いまもヤッフォに残っている。スファラディー系ユダヤ人の居住区がこうして生まれていった。

十九世紀の後半は、ロシア、東欧のユダヤ人が帰還してきた。その移民の波、第一アリヤーは一八八二年から始まった。アシュケナジー系ユダヤ人の共同体が生まれる。

ヤッフォは、まずパレスチナに帰ってきた人々の宿を提供し、また移住先への準備の期間を過ごす拠点となった。おのずと、ユダヤ人居住区が拡大していく。

ユダヤ人にとって同胞愛はおきてであり、互助精神が発達している。長い困難な旅路の末、たどり着いた同胞のうちで苦境にある者を救助する組織がヤッフォにも生まれた。病院もつくられた。シャアレイ・ツィオン病院がその例だ。

ヤッフォのユダヤ人口は、第一アリヤーと共に、数年のうちにあっという間に六千人を数えるに至った。第二アリヤーが一九〇四年に始まった。

ユダヤ人コミュニティーは、人口増大によって、いろいろの問題を抱える。居住区の面積は限られており、貸屋の賃料は高騰し、また過密による公衆衛生上の問題もあり、つまり住みにくいほど不衛生である。夜は明かりがなく、危険だ。最悪なのは、その上、アラブ人のイスラム法に従って、一年ごとにユダヤ人は住まいを替えなければならない。

「一〇〇%、ヘブライ人の町を……」

一九〇六年七月のこと。ヤッフォのユダヤ人は、百人ほどの代表が集まって、問題を解決するために相談会を開いた。(ちょうど、徳富蘆花がパレスチナの順礼を終えて、去った直後である)

その時、アリエ・アキバ・ヴァイスという、その日にこの地に着いたばかりの男が、提案をした。ヤッフォの外に、新しい居住区を作るべきだ、と。そして、

「一〇〇%、ヘブライ人の町をつくりましょう。……通りは広く、家には水道が備え、周囲は庭で囲み、電灯を街頭に点し、家々や産業に電力を利用しましょう。下水システムを布設し、近代都市に必要なものはすべて完備しましょう」

その場でいろいろと討議し、町の建設は民間主導で行ない、個人の出資と銀行からの借入とで建設資金をまかなうという案に人々は賛成した。会は拍手喝采と「ハティクヴァ」の合唱をもって終えた。

砂丘で行なわれたくじ引き（1909年）向こう側に立つのがヴァイス氏

そのような発案は、当時、シオニスト運動が第二アリヤーの波を迎え、農業入植地の建設に資力を集中していて、町の建設などシオニストの開拓事業として認められるかどうかに自信がなかったからであろう。

その提案を実現するために、そこで「アグダット・ボネー・バティーム（住宅建設協会）」という組織がつくられ、ヴァイスは世話役に選ばれた。その年の遅く、「アフザット・バイト（住宅取得協会）」という組織となり、六十家族が協会に参加した。

貝殻でくじ引き

この事業の前途には困難が多かった。しかし、やがて、アフザット・バイト協会は、彼らの資金の上にユダヤ国民基金の本部から支援を受けて、ヤッフォの北の土地、それも人の住まない砂丘と荒れ地ばかりの土地（約五ヘクタール＝一五〇〇〇坪）をベドウィンから購入した。これが、現在のテルアビブの発祥地となったのである。

　さて、この土地を六十区画に分けたけれども、どのように割り当てたらいいか決められない。そこで、抽選によることになった。

テルアビブ100周年記念切手

　それには面白いエピソードが伝わっている。一九〇九年、四月十一日、過ぎ越しの祭りの二日目、抽選会を開催する。六十家族の代表が現地に集まった。ヴァイスは、海岸の砂浜から白い貝殻と灰色の貝殻とをそれぞれ六十個採集し、白い方には参加者の名を、灰色の方には区画の番号を書いて、袋に入れた。男の子一人が白い貝殻を取り、女の子一人が灰色の貝殻を取って、その組み合わせで土地の割り当てが決められた。

　テルアビブ百周年の記念切手に描かれているのはこの抽選会の場面で、二種類の貝殻があるのはそういう意味である。後日、この抽選会の日をもって、テルアビブ市の誕生日とされた。

命名の意味

しばらくは、この新しい地区は「アフザット・バイト」と呼ばれていたが、アフザット・バイトの委員会で、新しい町に名をつけることになった。

ユダヤ人らしく、議論は活発に燃えた。いろいろの名があがる。ニュー・ヤッフォとの案も出た。ある人は、ヘルツェルを記念して、ヘルツリアを提案した。この名に多くの人が賛成したが、しかしシオニズムを警戒するトルコ政府当局を刺激するのはよくない、ということで不採用。

オデッサ出身のあるシオニストが「テルアビブ」という名を提案した。

彼の説明によれば、これはヘルツェルのユートピア小説『アルトノイラント』に出てくる町の名のヘブライ語訳であるという（ナフム・ソコロフ訳）。ドイツ語でアルトは古い、ノイは新しい、ラントは国という意味である。テルアビブも「テル」が古い遺跡の丘、アビブは春の意味。春は「新しさ」を象徴する。つまり、テルアビブは古さ（伝統）と新しさを表す。

命名者は気づかなかったが、「テルアビブ」は古代バビロンの補囚中に、ユダヤ人が暮らした町の名でもあった。聖書（エゼキエル書三・一五）に登場しているのを、ヘルツェルの本の訳者は借用していたのである。

最終的に、ヘルツェルが願っていたイスラエルの国の未来に対する希望を象徴している「テルアビブ」が皆の賛成を得て、採用された。一九一〇年五月二十一日のことである。

第一次世界大戦を迎えて

その後五年間、テルアビブは予想以上に発展をしていった。

テルアビブは、その面積は二十倍に広がり、人口は三百人から二千人に増加していた。一八二家族を数え、シオニスト機構の諸事務所もヤッフォからテルアビブに引っ越してきていた（ユダヤ百科事典より）。

ところが、一九一四年、ヨーロッパで突然に始まった第一次世界大戦は、パレスチナのシオニズム開拓運動にも大きな影響を及ぼした。

トルコはドイツ側に就いて戦列に加わった。ドイツに対する連合国は、英国、フランス、ロシアである。トルコは、ロシア・東欧出身の多いユダヤ人共同体（イシューブ）に警戒の目を向ける。敵意すら見せた。テルアビブの発展は停滞せざるを得なかった。

英国がパレスチナに侵攻する気配を示すと、トルコ政府は、テルアビブ、ヤッフォのユダヤ住民全員を追放することに決定した。追放命令は、一九一七年三月に届く。住民は、地方に避難した。テルアビブは一夜にしてゴーストタウンになった。

だが、一九一七年十一月十六日、英国軍がテルアビブを占領すると、避難民はテルアビブに帰ることを許され、再び町は活況を取り戻す。

移民の波が再び——第三アリヤー

テルアビブの歴史は、シオニズムの展開と共にあった。テルアビブ発展の背景を理解するために、移民史にざっと触れておきたい。

第一次大戦後、再びユダヤ人の移民の波が押し寄せた。第三アリヤー（一九一九〜二三年）と呼ばれ、主にロシアや東欧からの移住者だった。全体で三万五千人とも言われる。ロシア革命の影響で難民が発生したことも移住の要因である。だが、それだけではない。当時、アメリカへの門戸が開かれていたが、それに比べて不利なパレスチナに帰還したのは、なぜか。英国のバルフォア宣言が希望をもたらし、シオニズムの理想に燃えた人々だったと言えよう。

多くは若者だった。特に、トゥルンペルドールに育てられた開拓者（ハルーツ）たちが、その中にいた。

イシューブは、もともと「ユダヤ人の労働者」という理想主義的な原則を立てていた。初期の入植時代に、アラブ人労働者を雇う〝資本家〟的あり方に反対していたのだ。その理想どおり、第三アリヤーによって、ユダヤ社会は新しい人的資源を得て、労働力ばかりでなく、農業をはじめとする社会の多方面に後々指導者となる人材を迎えたのであった。

当初は現実的に、文無しの、多数の移民を養うような仕事がない。経済的基盤の不足を、イシューブは心配した。すぐに失業問題が発生した。しかし、若者たちは進んで肉体労働に従事し、道路建設などやテルアビブの町の建設が、ユダヤ人の労働者によって支えられた。

集団農場村のキブツも、次々生まれて、開拓が進む。たとえば、筆者の知る、キブツ・ヘフツィバは一九二二年、チェコスロバキアの青年たちによって創設された。哲学者でシオニストのマルティン・ブーバーに感化された人たちだった。

第四アリヤーは都市部にも

こうして、パレスチナへの帰還者は途切れなくやって来たが、一九二四年を境に、それ以降の移民の流れは、改めて第四アリヤー（一九二四〜二八年）と呼ばれる。それには理由があった。移民の性格が以前のそれとは異なってきたのである。

この期間に、帰還者の数はおよそ七万人とされるが、半分はポーランドからの移民だったことが特徴にあげられる。経済不況のポーランドでは、反ユダヤの世相も顕著になり、またアメリカが一九二四年に法律を改正して移民制限を始めたこともあって、ある程度の資産や技術をもった中産階級のポーランド・ユダヤ人がパレスチナのほうにやって来たのである。

開拓（ヘハルーツ）運動と関係のなかった第四アリヤーの人々は、多くが都市部に住み、軽工業や商業、建築業などに従事したりして、テルアビブ経済の発展に大きく寄与することになった。

もちろん、イシューブの存続とシオニズムの理想にとって農業部門の重要性は、変わることがない。キブツ方式の農村共同体のほかに、この頃から新しいモシャブという共同農場が登場してきた。モシャブとは、生産手段は共有しつつ、個人の私有財産制を活かした共同体である。

海岸地方一帯に展開した、オレンジ畑は第四アリヤーの時代に飛躍的に生産をのばした。収穫物はヨーロッパに輸出されていった。柑橘《かんきつ》類農業に、個人経営者が多かった。

一九二五年にテルアビブの人口は三万四千人を数えたという、統計資料がある。創設当初から、百倍以上に増えた。

移民増加とアラブとの摩擦

現在も解決しないパレスチナ問題。だが、その紛争の歴史はそれほど大昔にさかのぼるわけではない。

中東においてはユダヤとアラブという両民族は、共存生活を保ってきた。それはパレスチナにおいても変わらない。日常的には互いに、比較的うまくやってきたのである。

当初、ユダヤ人の入植者がやって来たときも、アラブ人との関係は友好的だった。しかし、第一次大戦後、ユダヤ人移民が増加し、開拓が進むと、アラブ人の地主階級（エフェンディ）は土地をユダヤ人に売りつつ、不安を抱くようになった。彼らの小作人たちは極貧の状況で暮らしていた。そこにユダヤ人の開拓村ができて、恵まれた生活を見て、地主に不満を抱いたりすることを恐れた。

まだ、アラブ人に明白にアラブ民族主義が生まれていたわけではない。しかし、反ユダヤ感情を助長して、権力を握ろうとする男が現れた。「ユダヤ人がアラブ人を追い出そうとしている」「（イスラム教の聖所）オマル・モスクを破壊しようとしている」という噂を流して、エルサレムのアラブ住民を扇動したのは、一九二〇年四月、過ぎ越しの祭りの時だった。

その男の名は、ハジ・アミン・アル・フセイニーという。以降、ユダヤ憎悪に身を任せ、生涯ずっと反ユダヤ暴動の活動を続け、のちに第二次大戦中はヒトラーと盟約を結んだ。

当時の治安の責任は英国軍にあった。英国はユダヤ人の郷土建設に理解を示すとのバルフォア宣言を出してはいたが、その後の英国政府の方針も、特に、現地の英軍もユダヤ人に冷たかった。ユダヤ人にもアラブ人にもいい顔をする英国の二枚舌外交だったとも、批判される。

アラブ暴動でユダヤ人の被害が人的にも物的にも増大したのは、警護するべき英国軍がそれを防がず傍観し、逆にユダヤ自警団の行動を妨害したためであった。二一六人のユダヤ人が殺傷された。

英国の委任統治政府の初代高等弁務官がユダヤ系のハーバート・サミュエル卿だったので、ユダヤ人は最初は大きく期待した。しかし、サミュエル卿は、アラブ宥和政策をとった。暴動に関わったアラブ人に対して、寛容な処遇をした。フセイニーは、特赦を与えられた。（フセイニーについては二四七頁の〔補足〕を参照）

一九二一年のヤッフォ暴動

アラブ人は暴動を繰り返した。一九二一年五月一日、それはヤッフォで起こった。テルアビブのユダヤ人労働者がメーデーの行進を始めたときのこと。「モスクを破壊しようとしている」とか「モスクワから来た共産主義者だ」、との噂が流れ、アラブ暴徒はヤッフォのユダヤ移民センターを襲撃した。四十三人の死者が出た。多くのユダヤ人はヤッフォから住居も店舗も撤退し、テルアビブに避難することになった。

ヤッフォのユダヤ人商業地域は、テルアビブにおいて栄えることになる。

この結果、ユダヤ人は自分たちで防衛するしかないことを悟り、自衛組織「ハガナー」が結成された。また、テルアビブは、ヤッフォから行政上独立して、自治の許可が与えられた。すなわち、市議会、司法、警察を持つ権利を与えられた。(市制に近いが、正式に認められたのは、一九三五年)

メイール・ディィーゼンゴフ市長

シオニスト指導者の一人、メイール・ディィーゼンゴフ（一八六一〜一九三六年）は、テルアビブと切っても切れない縁にある。彼は、アフザット・バイト協会の創設に加わ

メイール・ディーゼンゴフ

り、一九一一年、テルアビブの自治会の長となったときから、実質的な市長の役を果たしてきた。
彼が努力したようにテルアビブが市となったとき、最初の市長にやはりディーゼンゴフが選ばれた。それから、一九三六年に亡くなるまで、実質、二二年にもわたって（二五～二八年の三年を除く）、その地位を保った。今もテルアビブ市長には、任期の制限がない。

＊

メイール・ディーゼンゴフは、子供の頃、ロシアのキシネフで育ち、ロシア軍の兵役に就き、除隊後、オデッサに留まった。そこでユダヤ知識人と面識を持ち、帰還運動ホベベイ・ツィオンに加わった。

彼の経歴に、面白い一頁がある。有名なエドモン・ド・ロスチャイルド男爵がワイン醸造を始めたときのことである。フランスの大学で化学エンジニアを専攻した彼は、雇われてパレスチナでワイン用ボトルを製造する工場を任せられたのだが、ボトル製造工場は、結局は失敗した。

一時、オデッサに戻り、ヘルツェルに出会うと、シオニズム運動の熱心な活動家になった。再びパレスチナに移住を決意し、一九〇五年にヤッフォに住んだ。そして、前述したように、新しい居住区の創設に参加したのである。

＊

フルダイ現市長が冒頭に述べた、テルアビブの将来を夢見た創設者こそ、ディーゼンゴフであった。彼のヴィジョンは、後に彼の名を冠したテルアビブのメーンストリート、「ディーゼンゴフ通り」によく現れている。しゃれたレストランやカフェ、ブティック・ショップ、映画館が並んでいる。

ディーゼンゴフ市長は、文化都市を目指した。あらゆる種類の文化活動を支持した。都市の特長として、新しさ、近代性、ディアスポラ生活との決別が彼のヴィジョンだった。ヘブライ語の文学、ヘブライ芸術をうたう作家や芸術家が集まり、ある意味で無秩序なまでに騒々しく、賑やかな街に発展した。

第五アリヤーの貢献

テルアビブ市は、きちんとした都市計画なく、どんどん勝手に拡大していく。そこで一九二五年、ディーゼンゴフ市長は、スコットランドのパトリック・ゲデス卿という生物学者にマスタープランを依頼することにした。
ゲデスの案は「ガーデン・シティ」という構想で、住む人々の精神的な、物資的なニーズに答えるように、人々が自然に出会いをできるように工夫した。住居地区と商業地区とを分離せず、緑地を内包して、大通り、広場が適切に配置されている。ディーゼンゴフ市長に提出されたこの計画案は、一九三〇年代に、美しく実現された。

バウハウスの立ち並ぶディーゼンゴフ広場（1938 年）

ディーゼンゴフのヴィジョンのような文化都市テルアビブが実現できたのは、ナチス・ドイツのユダヤ人迫害という悲運の、奇貨《きか》と言えなくもない。ナチスの暴虐は再び、ユダヤ移民の大きな流れを起こし、第五アリヤー（一九二九～三九年）と呼ばれるドイツから多数の避難民がパレスチナにやって来た。資産や技術を携えてきた人もいて、彼らは産業発展に貢献した。

中には芸術家、音楽家、医師や学者も少なからずいた。

ドイツから避難してきた建築家たちが、ガーデン・シティ構想の都市計画に沿って、建物を設計した。テルアビブに見られるバウハウスという建築群が、ドイツワイマール時代に流行ったモダンデザイン（近代芸術）の芸術思想の結晶で、今も四千戸が残っている。この白い街並みは、二〇〇三年、ユネスコの世界遺産に「ホワイト・シティ」の名で登録された。

ほかにも、ナチスから逃れたユダヤ人音楽家は、パレスチナ交響楽団（現イスラエル・フィル）を結成した。初演は、一九三六年、巨匠トスカニーニが指揮した。

テルアビブにおいて国家誕生を宣言

ディーゼンゴフ市長の自宅は、あのアフザット・バイトの区画抽選会が行なわれた場所だった。一九三〇年、妻のティニアが亡くなると、自宅をテルアビブ市に寄贈し、テルアビブ美術館が設立された。

テルアビブは、独立前のユダヤ人自治政府に相当するユダヤ機関ほか自衛組織ハガナー、地下抵抗組織イルグンなどの本部が置かれていて、政治的に首都機能を果たした。経済的にも銀行、労働総同盟（ヒスタドルート）などが集中し、金融のセンターにもなった。

一九四八年五月十四日、シオニスト指導層が一堂に会して、ベングリオン臨時首相がイスラエル建国の独立宣言を読み上げたのは、ディーゼンゴフ市長の旧宅、テルアビブ美術館においてであった。

テルアビブ美術館は後に移転し、ベイト・タナフ（聖書の家）と呼ばれる独立記念ホールになり、一般公開されている。

最後に、ヤッフォについて、その後を語っておかなければなるまい。

独立戦争が始まる直前、アラブ軍と英軍で防備するヤッフォは、アラブの拠点だった。テルアビブにとって脅威である。そこで、ベギンの率いる地下抵抗組織イルグンがその大敵に向かって、攻略戦をしかけた。若いイルグン戦士の犠牲の血をもって、ヤッフォ攻撃は成功して、ユダヤ人のものとなった。

もしこの戦いに勝利しなかったならば、英国軍はヤッフォを占領し続け、あるいは独立戦争時にエジプト軍の基地とされて、テルアビブは襲撃の危険にさらされ、ひいてはイスラエルの独立戦争も危機に瀕したであろう。

独立戦後、テルアビブはヤッフォを合併し、その創設から四十年後に再び一体となって、テルアビブ・ヤッフォ市と呼ばれる。歴史のあるオールド・ヤッフォは、美しい景観を保護されているのは言うまでもない。

10章　愛国者ベギンの血と涙

——反英レジスタンスの戦士

時代が人をつくるのか、人が時代をつくるのか。

イスラエルの建国史を読み解くとき、どちらも真実に聞こえる。

二千年の流浪の運命は、ユダヤ民族に先祖の地に帰る以外に生き残る術のないことを教えた。

反ユダヤ主義の嵐が吼《ほ》え猛る時代が来たとき、続々と有名、無名のヒーローがユダヤ人の中から出現した。時代が歴史の担い手を生んだ。また、逆に彼らの献身的な人格があったればこそ、イスラエル建国という新しい時代を迎えることができたとも言える。

シオニズムの提唱者ヘルツェルや初代首相のベングリオンは、有名である。ところで、「この人がいなかったら、イスラエル独立は実現しただろうか」、とさえ評価されるのに、

メナヘム・ベギン

その功績が日本人にあまり知られていない、あるいは誤解された人物がいる。その人の名は、メナヘム・ベギン（一九一三〜九二年）。

ベギンは熱烈なシオニストとして反英レジスタンス運動を指揮して、彼の組織、イルグン（またはエッツェルとも言われる）が英軍と戦った。建国後は三十年の間、主流派の労働党から冷遇されながらも「誉れある野党党首」として生き、ついに首相の地位に就いて、エジプトのサダト大統領と和平条約を結んだ。

ベギンはテロリストだったというレッテルが貼られている。しかし、真実はどうだったのか。シオニズムの歴史は、長い間主流派だった左派労働党の立場から専ら語られてきた。そして、ベギンの属したシオニスト修正派は、マイナーな存在として、否定的に評価されてきたのである。ベングリオン初代首相への賛美と評価が過大である一方、ベギンとシオニスト修正派への誤解が残っている。

その歴史観は、一九七七年ベギン内閣の登場以来、見直されつつある。さらに、現在のイスラエルのリーダーたちがベギンの系譜をひくリクード党出身者が優勢であるとき、彼の歩みを知ることはイスラエルの理解に不可欠と思われる。

生い立ち

メナヘム・ベギンは、一九一三年、ポーランドの東部の町ブレスト・リトフスク（現在のベラルーシのブレスト）に生まれた。材木商人だった父親のゼエヴは熱烈なシオニストで共同体の指導者として活躍、その感化でメナヘムは少年の頃からシオニズム運動に関心を示していた。

伝統的なユダヤ教の小学校に通い、高校はポーランド人のギムナジウムで学んだ。ポーランド人の同級生からユダヤ人のせいで迫害されるが、彼は負けなかった。

一時、ハショメール・ハツァイールというシオニスト青年運動の少年会員になったが、その運動が社会主義イデオロギーに近づいたとき、ベギンは辞めてしまった。その代わりに、ジャボチンスキーというシオニスト指導者に出会い、たちまちに彼の求めていたものを発見する。その信仰、理想、勇気、行動に魅了されたのは、ベギンだけでなく、多くの若者がそうであった。ジャボチンスキーの主宰する青年運動、ベイタールに参加したのは、十六歳の時であった。

ジャボチンスキーに敬礼するベギン（右）

ベイタール運動は、他の労働党系のシオニストグループとは異なる思想をもっていた。パレスチナの地に移住して、農業共同体を作ることを目指すだけでは、英国の支配を覆すことはできない。ユダヤ人の軍隊が必要である、と唱え、ユダヤ国家再建に身を捧げる青年を教育した。

ベギンは、たちまちその才能を認められて、ベイタールのブレスト・リトフスク支部を任せられた。ベギンは、ワルシャワ大学法科に通いながらも、ベイタールのために働き、組織者として、また名演説家として頭角を現す。青年教育に情熱を傾けた。一方、大学では反ユダヤ主義の冷遇を受けた。

一九三九年、ベイタール・ポーランド支部長に抜擢《ばってき》された。ポーランド各地を巡り、メンバーの家に泊まった。その一つで、妻となる女性アリザに出会い、結婚する。

ソ連の強制収容所の囚人

一九三九年九月一日、ドイツ軍がポーランドを侵攻し、第二次大戦が勃発した。ワルシャワは、反ユダヤ主義が濃厚だった。ベギンと妻は、逃亡した。東に進み、ルーマニアまで行き、そこからパレスチナを目指そうとした。ソ連軍が進撃してくることを聞くと、北に方向を転じて、大変苦労して、やっとリトアニアのヴィルナに達した。

しかし、今度はソ連がリトアニアを併合する。ちょうどこの頃、杉原千畝領事代理が「命のビザ」を発給したおかげで、ポーランド・ユダヤ人の難民が日本経由で救われるという出来事が起こった。

ベギンは、四〇年九月、ソ連の恐ろしい秘密警察、正式に言うとNKVD（内務人民委員部、五四年にKGBとなる）に逮捕され、厳しい尋問を受けた。ベイタールの指導者であるベギンは、反ソ分子と疑われるのは当然だったが、逮捕理由が皮肉である。英国の大物スパイだというのである。

むちゃくちゃな取り調べの末、四一年四月一日、NKVDは、反社会の危険分子として、刑期八年の矯正労働刑をベギンに命じた。まったく、〝エイプリル・フール〟と思い違うような宣告であった、と彼は書いている。

囚人を乗せた貨車は、北東をゆっくりと目指した。長い旅のはてに、ベギンはロシアの奥地にある強制収容所（いわゆるラーゲリ）に送られた。夜になっても明るかった。白夜地帯にいることを知った。そこはペチョラ・ラーゲリと呼ばれ、冬が九カ月以上も続き、夜は二十時間、気温は零下六十度に下がる極北の地だった。

そこで筆舌に尽くしがたい苦難を味わわされた。もう二度と生きて出られないぞ、と警備兵に脅かされた、まさにこの世の地獄である。ソルジェニーツィンの小説『収容所群島』がよく描いているとおりである。彼自身も、『白夜のユダヤ人』という手記を書いている。

しかし、後の著書『反乱』の中で、こう記した。

「六百万のユダヤ人が流した涙と血に比べれば、私の苦労などとるに足りない。……収容所生活は私を強くしてくれた。それは私を鍛える体験であった。それだけの話である」と。

囚人は、頻繁に別の場所に移送される。ベギンはさらに北のラーゲリに移送されることになった。その移送の途中、奇跡が起こる。ポーランド人の釈放命令が届いたのだ。彼もポーランド国籍だった。

その背景は、四一年六月二十二日、ドイツがソ連を突如攻撃した。それで、ソ連はポーランド亡命政府と協定を結び、ラーゲリのポーランド人が釈放されることになったのである。自由になったベギンは、ロシアを流浪の末、自由ポーランド軍に参加することにした。

運良く、ベギンは、中東に派遣されたポーランド軍と共に、パレスチナに来ることができた。時に、一九四二年五月の頃だった。なんと、生き別れた妻は、先に聖地に帰っていた。再会できた喜びに感激した。

彼はポーランド軍から除隊を許可してもらって、地下組織のイルグン（正式には、イルグン・ツヴァイ・レウミ〈民族軍事組織〉、略称してエッツェルと呼ばれた）に加わった。

イルグンの誕生と英国の白書

ここで、イルグンとは、どんな組織で、どのように生まれたかを説明したい。

第一次大戦前に、キブツなどをアラブの盗賊から守るために、すでに警備組織ハショメールが出来ていた。第一次大戦中は、ハショメールも活動の停止を強いられたが、戦後、一九二〇年ごろから、ユダヤ社会の自衛組織として、ハガナーという組織に発展した。

しかし、ハガナーは、アラブ暴動には十分に対抗できなかった。ハガナーに不満を持つメンバーは、イルグンという名の新たな防衛組織をつくった（一九三一年）。イルグンは、シオニズム運動修正派の指導者ジャボチンスキー（一八八〇〜一九四〇年）の思想に基づいていた。

当時、英国は、バルフォア宣言で、パレスチナにユダヤ人の民族郷土を約束したはずだったが、実際には、それを否定するような政策をとった。アラブ宥和《ゆうわ》策を選んで、アラブ暴動の鎮圧に消極的であり、むしろ唆《そそのか》したのは英国だ、という説すらある。そうして、アラブとユダヤの間の軋轢《あつれき》を利用して、パレスチナを実質支配し続けることを意図していた。英国の伝統的な植民地支配の戦略、divide and rule（分割統治）である。

三六〜三九年に起こったアラブ暴動に際して、ベングリオンの主流派指導部は、自制策（ハブラガーという）をとった。直接の自衛行為は別として、報復はしない、と決めたのである。それがために、アラブ側は、安心してテロ攻撃ができた。また、英国はユダヤ人の弱さと解釈した。

さらに、英国にユダヤ人国家をつくる意図のないことが決定的に明白になったのは、三九年の白書だと言われる。英国の方針を示した、悪名高いこのマクドナルド白書には、大きく二つの特徴があった。ユダヤ人の移住を制限（五年間で合計七万五千人）、また開拓の制限（土地購入は国土の五％）である。その上で、十年以内に、パレスチナ国家の独立を希望する、とした。これは、ユダヤ人が少数民族にとどまり、アラブ人が多数となる国家を意味する。

イルグンの若者たち（中央がベギン）

パレスチナ・ユダヤ人の失望は大きかった。ヨーロッパからのユダヤ難民の入国拒否は、第二次大戦が勃発しても英国は白書を変えず、有効としたのである。ユダヤ人難民が救われることよりも、パレスチナにユダヤ人口を制限することが優先された。英国のせいで、多くのユダヤ人がナチスの犠牲になった。

イルグンの指導層内部で、英国にどう対応するかが、論じられた。英国は、ユダヤ人の最大の敵、ナチスと戦っている。ドイツが敗退するまでは、英国とは休戦するべきだ、との意見が多数を占めた。一方、英国との闘争を放棄してはならないという者も一部いた。アブラハム・

シュテルンは、イルグンから脱退して別の組織、レヒ（ロハメイ・ヘルート・イスラエルの略、イスラエルの自由の戦士の意）をつくった。

したがって、ユダヤ人には三つの地下抵抗組織が存在することになった。

ヨーロッパのユダヤ人虐殺の真実がパレスチナに伝わってくると、さすがに穏健に自制していたユダヤ社会の主流派も、衝撃を受けた。イルグンも、英国との休戦が何の役にも立たないことを知った。

反英レジスタンスに立ち上がる

ベギンがポーランド軍を除隊したのは、その頃であった。彼はイルグンに加わった。若い指導者、雄弁家、作家として彼の名声は、すでに届いていた。民族の大義を確信する信仰心や強い意志、勇気も知られていた。間もなく、四三年十二月、イルグンの総指揮官の任を与えられた。ベギンは、弱体化していたイルグンを再編成し、英国と戦う決意をした。

ベギンは、ユダヤ人の直面する困難は、心理学的な障壁だと考えた。ユダヤ人が国家をつくる前に、英国と戦っても勝ち目はないという、負け犬心理を克服しなければならない。歴史を見れば、特に古代イスラエルの歴史には、戦いにおいて、少数が多数に、弱い者が強い者に、勝利した例に満ちている。だから「我々は成功できる」、とベギンは同志に訴えた。

戦いには力が必要だ。だが、力とは何か。物理的な力だけではない。精神力と心理学的要素がきわめて重要だ、というのがベギンの認識だった。

四四年の初め、イルグンは「英国への反乱」を全ユダヤ人に呼びかけた。しかし、弱小の一群が強大国の軍隊と戦うなど、狂気の沙汰だとユダヤ人も英国官憲も嘲笑した。だが、直ぐに笑ってはおれなくなる。

ベギンは、英国が外国の植民地支配において、武力に頼る支配よりも、威信という力を利用している、と観察した。そこで、戦略を、英国の威信を壊すことに定めた。つまり、恥をかかせて、英国の高慢な鼻を折ってやることだ。

その戦略の下に、四四年一月から四八年五月までの一六〇〇日間、イルグンは英国に対する「少数対多数」の戦争を継続した。何百という作戦をやって、英国委任政府の軍事施設、警察、軍事用の列車、刑務所などを攻撃したのである。

イルグンの原則、「殺すなかれ」

テロリズムとレジスタンス（地下抵抗運動）とは、どう違うのかという、論争がしばしばまきおこる。ベギンやイルグンは、テロリストではなかったのか。また、イスラエル建国はテロによって出来たのではないか、と。

テロリズムは、爆弾や衝撃で民間人を無差別に殺害して、恐怖をまき散らし、市民生活を麻痺させることを目的とする。

では、イルグンの戦いの方針を見てみよう。ベギンは明確な原則的命令を出した。「殺すなかれ」、民間人のみならず、相手が軍人の場合も、殺すことを避けるようあらゆる努力をすること、必要な場合に、警告を発すること。これは奇襲を戦術とするゲリラ戦には致命的に不利になるが、それを覚悟の上であった。

たとえば、キング・デービッド・ホテル爆破事件（一九四六年七月）について。この高級ホテルは英軍の司令本部になっていた。イルグンは、仕掛けた爆薬の破裂の三十分前に、電話を掛けて待避するように警告したが、英軍は「ユダヤ人の命令は聞かない」といって、警告を無視した。

被害と非難の大きさにあわてたユダヤ機関の防衛組織ハガナーは、イルグンと共闘していたにもかかわらず、それは異端派の作戦だといい、責任逃れをした。

また、イスラエルのテロの例として、独立戦争直前のデイル・ヤシン事件がよく引用される。

エルサレム近郊の、エルサレムへの道を制圧する要塞となったアラブ村をイルグンが攻撃した時の不幸な事件であるが、アラブ側は、ユダヤ人テロリストが無辜の村を襲って大虐殺を行なったと報じた。大仰な嘘を交えて、巧妙な宣伝工作に使われたのであるが、いつものように、ハガナーやユダヤ機関は、謝罪とイルグン非難の声明を発表した。

ベギンは自著『反乱』の中に、真実を書いている。攻撃する前に、前もって非戦闘員の退去を勧告した。後に、村の生存者が、ヨルダンの新聞（五五年）に証言しており、さらに九八年の英国ＢＢＣのテレビ番組で、当時のパレスチナ放送局記者とのインタビューを取り上げたとき、なかった虐殺や強姦などを作為的に報道したと述べた。ベギンの正しさを裏付ける結果になった。

ちなみに、その記者は事件をプロパガンダに利用したことは失敗だったと告白している。アラブの過大宣伝は、アラブ住民に恐怖を吹き込み、そのため住民の逃亡が始まったのである。アラブ難民発生の原因となった。

ベギンの試練と勝利

イスラエル史に見られる矛盾と悲劇は、兄弟同士の争いだった。現代でもそれは繰り返された。

反英地下運動に成功していくイルグンは、ユダヤ社会から尊敬を勝ち得ていく。すると、ユダヤ主流派は指導権を失うおそれを抱く。英国に協力する政策が蔑《ないがし》ろにされそうだ。よって、ハガナー以外の地下組織、イルグンやレヒを目の敵にした。ベングリオンのユダヤ機関は、「反体制のイルグンという癌」を撲滅するために、英国に協力することにした。

ユダヤ人が、ユダヤ人を敵に売る、という悲劇が展開した。ハガナーがイルグンやレヒの情報を英国側に流し、密告したため、多くの者が逮捕され、あるいは殺され、あるいは東アフリカに追放になった。レヒの指導者シュテルンは、密告されて、英警察の手先によって隠れていた洋服タンスの中で撃ち殺された。

イルグン戦士の憤りは満ちた。ハガナーに報復したい。一触即発！　ベギンの一言で、兄弟同士の殺し合い、内戦が勃発するところだった。

ベギンは、最終目標に思いを致し、古代のユダヤ国家が兄弟同士の闘争で滅んだことを教訓にして、涙をのんで、報復を禁じた。内戦を防いだのだった。

やがて、ユダヤ機関は、英国政府に失望し、イルグン、レヒとの対立政策を変えた。ユダヤ地下組織は、連合して戦いを継続した。

第二次世界大戦の終了後、英国は労働党政府に代わったが、予想に反してパレスチナ政策は一層反ユダヤ的に傾いた。ホロコーストの生き残りのユダヤ難民の移住を禁じ、反英レジスタンス運動を弾圧した。

　レジスタンスの指導者は、ベギンである。ベギンはユダヤ教徒に変装して、市民の海の中に隠れる。彼の首に、英国政府は、一万ポンドの賞金をかける。また、英軍の大部隊をもって、テルアビブ市を包囲して、すべての家を捜査した。しかし、ベギンは捕らわれなかった。ベギンにとって、ユダヤ民衆は味方だったが、ユダヤ指導部には常に心を許せなかった。

ユダヤ教徒に変装したベギン
（妻アリザ、息子ベニーと共に）

　英国は、ついにパレスチナを維持できなくなり、軍隊の撤収に追い込まれた。国連に問題を委ねた。やがて国連は、パレスチナ分割案を採択し、ユダヤ人国家は建国されることになる。

　今やイスラエルの独立は、政治上の外交で成ったのではないことを知る。その背後に、国歌で歌うように、「イスラエルの地で自由の民として生きる」までには、ユダヤの青年たちの戦いがあり、流された多くの血があった。英軍と戦った後に、独立後もアラブの大軍との戦いが待っていた。

独立戦争中、ベギンが泣いた事件があった。四八年六月、イルグンの武器輸送船アルタレナ号が、テルアビブ海岸でベングリオンの命令により撃沈された。この際もベギンは、イルグンの報復を禁じて、ユダヤ人兄弟同士の戦いを防いだ。ユダヤ民族はベギンの犠牲を忘れていない。

愛国者のモデル

当時、アメリカの有力なシオニスト指導者であった、アバ・ヒレル・シルバーはこう評した。「イルグンの存在なくしてはイスラエル国の誕生はあり得なかったであろう」と。

ベギンは、一九九二年二月、永眠する。七万五千の市民が葬儀に集った。彼は自分が死んだらオリブ山に埋葬するように、と遺言を残した。歴代の建国の父たちは、ヘルツェルの丘に眠っている。なぜベギンは？

公表された遺言には、二人の青年の墓の隣に葬ってほしいと願ったとある。二人は、レジスタンスの作戦中、英軍に捕らえられ、死刑を宣告されたが、自由の戦士として獄中で手榴弾を二人で抱き抱えて自爆した。ベギンは、彼らを忘れず、ユダヤ民族解放のための戦いの象徴と見なしていたのである。

現代のイスラエル政治の混迷ぶりに、イスラエル人の嘆く声が少なくない。そんな時、「いまこそ我々はベギンを必要とする」という声も聞く。

ベギンとはどのようなタイプの指導者なのか。ある伝記作者は「ベングリオンは人々に尊敬されたが、ベギンは人々に愛された」と、コメントしている。

一言でいえば、今も人々に愛され記憶される稀有のパトリオット（愛国者）であり、信仰の人だった。現代の政治家に欠けているのは、彼が持ったような純粋な愛国心だというのだ。

11章　建国の歴史の「星の時間」
――ワイツマンとベングリオンとその時

　一九七三年の十二月、イスラエルでは重苦しい国民の心に、さらなる悲しみの時が訪れた。

　そのほぼ二カ月前の聖なる贖罪日ヨム・キプールに、エジプト軍の奇襲を受けて、イスラエル軍は緒戦に大勢の若い兵士をシナイ戦線で失った。第四次中東戦争、いわゆるヨム・キプール戦争は今までにない犠牲を出し、やっと辛勝したばかりである。

　そして、十二月の一日に、建国の父と呼ばれたダヴィッド・ベングリオンが逝去したとの知らせは、まさに、希望に満ちた偉大な建国のヒーローの時代が終わったことを告げた(享年八十七歳)。

　ヨム・キプール戦争は、イスラエルのみならず、世界の歴史をも変えた。アラブ世界が石油戦略をもって対抗したとき、この時から石油が戦略物資として国際政治を動かすことになる。日本や欧米の「黄金の三十年」と呼ばれる高度経済成長の時代が終わった。今までの時間の流れが一九七三年のあの時を境に、違う流れに突入したのは、その後の歴史が明らかにしている。

かつて、ウイーン生まれの伝記作家ステファン・ツヴァイクは、『人類の星の時間』という作品で、歴史の決定的瞬間を描いた。その後の人類の運命を決定するような時というものがある、というのは歴史の真実だ。しかも、そのような時のために歴史は一人の天才的人物を用いるという。ちなみに、歴史意識の鋭敏なツヴァイクは、裕福なユダヤ人実業家の息子であった。

一九七三年十二月を、ユダヤ民族の「星の時間」と言うには、あまりにも悲劇的だ。しかし、確かに、イスラエル国の誕生までの歴史にも、「星の時間」と言うべき輝かしい瞬間があった。そして、その時に天意に用いられた人物がいる。ベングリオンは、その人であった。ゆえに、建国の父と呼ばれる。ただし、彼に匹敵する人物は他にもいる。ヘルツェルとハイム・ワイツマンもベングリオンと同様に、「建国の父」の名に値する。この三人は、建国史上の決定的な時に立ち合った。そのことを語りたい。

イスラエルの建国に至るまでの過程に、人の計らいではあり得ない歴史的瞬間が幾度かあったと言った。筆者の独断で次の四つの時を選んでみた。

1．一八九七年八月二十九日　第一回シオニスト会議
2．一九一七年十一月二日　バルフォア宣言
3．一九四七年十一月二十九日　国連のパレスチナ分割案
4．一九四八年五月十四日　独立宣言

ヘルツェルの後継者、ワイツマン、ベングリオン

テオドール・ヘルツェルが、第一回シオニスト会議を招集したことは、イスラエル建国への政治的運動、シオニズムを公式に宣言した、最も意義深い行動であった。

ヘルツェルが世界に向かってユダヤ人の国家再建を発表した頃、「モーセのような預言者が現れた！」という噂を聞いたダヴィッド・ベングリオンは、まだ十一歳の少年だった。ロシア領のポーランドの小さな町プロンスクにある両親（グリーン家）は、シオニズム運動の地方のセンターになっていた。ダヴィッドも、その感化を受けて、シオンに帰還して国を創る夢を抱いた。

この時、やはり祖国を復興する夢につかれていた青年が、ロシア領の寒村モトル（現在

ベラルーシ共和国のピンスク近郊）から出た。ハイム・ワイツマンといい、ダヴィッドよりも、十二歳年上で、シオニズム運動に参加したのは、ずっと早い。零細の木材商人の息子だったワイツマンは、ドイツとスイスの大学で化学を学び、卒業後は一九〇一年からジュネーブ大学の講師をしていた。

ハイム・ワイツマン

ワイツマンは、第一回のシオニスト会議には、資金の都合が付かず、出席できなかったが、二回目からずっと参加して、それから積極的なメンバーになった。彼は単に政治的なシオニズムに満足できず、ユダヤ民族の精神的復興を同時に願った。ユダヤ人の知識層と共に、シオニスト運動の中に「民主派」をつくり、すでに一九〇三年に、ヘブライ大学創設の構想を打ち出している。（一九二五年四月一日、エルサレムの展望山にて大学の定礎式を実現）

この民主派というグループは、ヘルツェルのウガンダ案（英国の提案にヘルツェルが乗って、東アフリカにユダヤ国家を作る案）に激しく反対した。このために、ヘルツェルは心労と過労で早逝した（一九〇四年）。

一九〇四年、三十歳のワイツマンは、研究を続けるため英国のマンチェスター大学に職を得て、移住した。パレスチナではなかった。しかし、彼が英国に居を移し、そして化学者であり続けたことは、後にシオニズム運動に決定的な幸運をもたらした。

一方、無名の青年ダヴィッド・グリーンは、すでに5章でふれたように、一九〇六年、未開のパレスチナに渡る。ダヴィッドは、開拓地を労働者として転々として、エルサレムでシオニズム関係の雑誌の記者になる。筆名をベングリオンと名乗ったが、それをヘブライ語の姓とした。彼が、世間に登場するのは、第一次大戦後のパレスチナで、労働運動の組織者として優れた才覚を現してからである。

第一次世界大戦が勃発したとき、ベングリオンは友人のベンツヴィーと共にトルコのコンスタンチノープルで留学生活を送っていた。二人は、パレスチナに一旦帰国するが、オスマン・トルコの支配下にあったため、敵国ロシアの国籍をもつ二人は危険分子と見なされ、パレスチナから追放されてしまう。ベングリオンは巡りめぐって米国に行った。シオニズム運動、ポアレイ・ツィオンの米国の仲間が呼んでくれたわけだが、各地を回り同志を得ようと思った。そこで、彼は恋に落ちた。生涯の伴侶、ポーラを得たのである。

化学者が生み出した「バルフォア宣言」

ワイツマンは、ヘルツェル後のシオニズム運動の主要な指導者の一人とみなされた。マンチェスターに住んだ彼は、町の有力者と知り合いになる。シオニズムへの理解者を増やすことを、化学研究以外の使命とした。政府の要人にも接触し、そこを選挙区とするアーサー・バルフォア卿とも出会い、知遇を得た。

第一次大戦が始まると、海軍大臣のウィンストン・チャーチルに、爆薬を製造するために必要なアセトンという溶剤の大量製造法を依頼された。彼はその工業化に成功して、連合国の爆薬の製造に、したがって戦争の勝利に貢献した。

ワイツマンは、こうして英国政府に恩を売ったことになる。彼の功績に対し、英国政府は、ユダヤ人の願うシオニズムへの支持を表明することで報いようとした。といっても、そんなに単純な話ではない。当然、政治的には英国内に親ユダヤとそれに反対する勢力もあった。奇妙なことに、シオニズムに猛烈に反対するユダヤ系英国人がいた。もしユダヤ人国家ができると、自分たちディアスポラのユダヤ人に都合が悪くなると心配したからである。その難しい政治情勢の中で、ワイツマンは、今で言うロビー活動に奮闘した。

多くの議論の末、英国政府は、閣議決定をし、外務大臣のバルフォア卿から、英国のユダヤ富豪、ロスチャイルド宛ての手紙の形で、シオニズム支持の公式表明をしたのである。その日、一九一七年十一月二日は、ユダヤ人の歴史の頁に輝かしい日付となった。

親愛なるロスチャイルド卿

私は、英国政府に代わり、ユダヤ人のシオニスト運動に共感する宣言が内閣に提案され、そして承認されたことを、喜びをもって貴殿に伝えます。

「英国政府は、ユダヤ人がパレスチナの地に民族郷土（national home）を建設することに賛成し、その目的の達成のために最善の努力を払うものである。ただし、パレスチナに在住する非ユダヤ人の市民権、宗教的権利、及び他国においてユダヤ人が享受している諸権利と政治的地位を、害するものではないという明瞭な理解のうえでされるものとする」

貴殿によって、この宣言をシオニスト連盟にお伝えいただければ、有り難く思います。

敬具

アーサー・ジェームズ・バルフォア

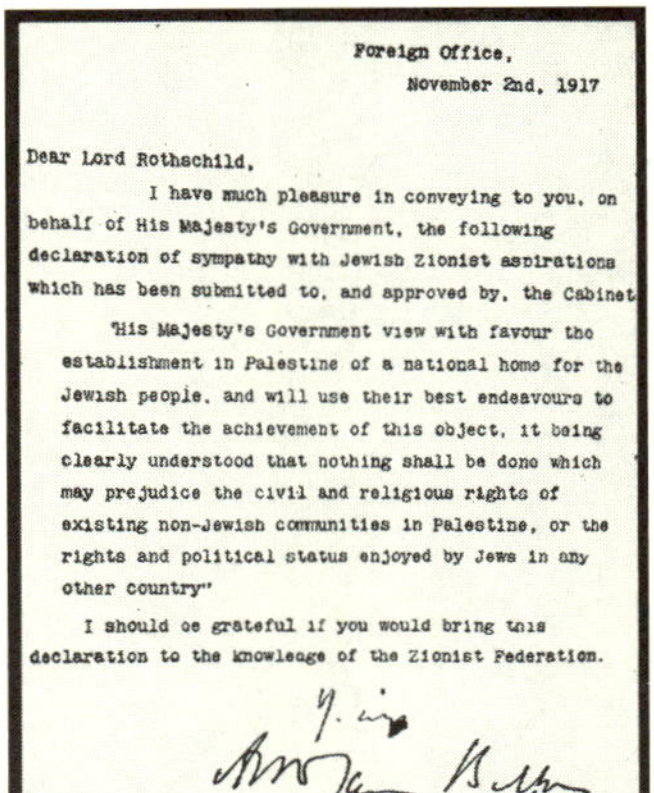
Foreign Office,
November 2nd, 1917

Dear Lord Rothschild,

I have much pleasure in conveying to you, on behalf of His Majesty's Government, the following declaration of sympathy with Jewish Zionist aspirations which has been submitted to, and approved by, the Cabinet

"His Majesty's Government view with favour the establishment in Palestine of a national home for the Jewish people, and will use their best endeavours to facilitate the achievement of this object, it being clearly understood that nothing shall be done which may prejudice the civil and religious rights of existing non-Jewish communities in Palestine, or the rights and political status enjoyed by Jews in any other country"

I should be grateful if you would bring this declaration to the knowledge of the Zionist Federation.

バルフォア宣言

これは、ユダヤ民族への単なる同情の手紙ではなく、英国政府の政策を表明したもので、ヘルツェルの目標であった「ユダヤ人が公法に守られて、パレスチナに郷土を建設すること」(一八九七年第一回シオニスト会議、バーゼル綱領)が、ついに英国の支持を現実に得たのである。

英国の委任統治は失敗に

連合国側の勝利に終わった第一次大戦は、中東に新しい秩序をもたらした。ドイツ側に付いて敗れたオスマン・トルコ帝国の広大な領土は、小アジアを除いて割譲された。パレスチナは、ヨルダン川を境に、東岸域にトランスヨルダン王国(アブドゥーラ王)が創立され、西岸域は英国の委任統治領となった。バルフォア宣言にしたがって、ユダヤ人国家が建設されるまで、英国に委任された。

パレスチナは、戦後、第三アリヤーと呼ばれる移民の流れを迎え、着実に発展していった。しかし、一方、民族主義に目覚めたアラブ人は、今までの友好的な態度から警戒心を募らせ、ついにはユダヤ人を襲う暴動やテロが発生するようになる。ユダヤ人とアラブ人の間の関係が悪化していった背景には、英国政府の政策が影響している。

　また、第二次大戦中にユダヤ人を襲った大惨事ホロコーストは、語るまでもない。

　平和が訪れたかのように見える第二次大戦後、英国政府は現状維持政策を変えず、ホロコースト後のユダヤ難民の受け入れを制限し続けた。それがために、パレスチナの事情はいよいよ混迷を深めていく。手を余した英国は委任統治を断念し、国連に問題を委ねる決定をした。丸投げである。

国連のパレスチナ分割案

　そこで国連は一九四七年五月、パレスチナ問題特別委員会（ＵＮＳＣＯＰ）を設置し、調査と問題の解決を探させた。委員会は、ユダヤとアラブの独立国家をつくり、エルサレムは国際化するという分割案を提案した。

　ユダヤ側は、パレスチナ全部を民族郷土と考えるが、現実的に妥協することとして、分割案を受け入れることにした。片や、アラブ側は反対し、断固阻止《そし》するという。国連において彼らのほうが、政治力において勝っていた。

　このとき、あり得ない幸運は、当時のソ連が、ユダヤ人国家案に賛成したことだ。ベングリオンらの労働党中心の国ができれば、社会主義陣営に加わり、儲けものとでも思ったらしい。もちろん、米国のトルーマン大統領は、アラブ寄りの国務省の反対にもかかわら

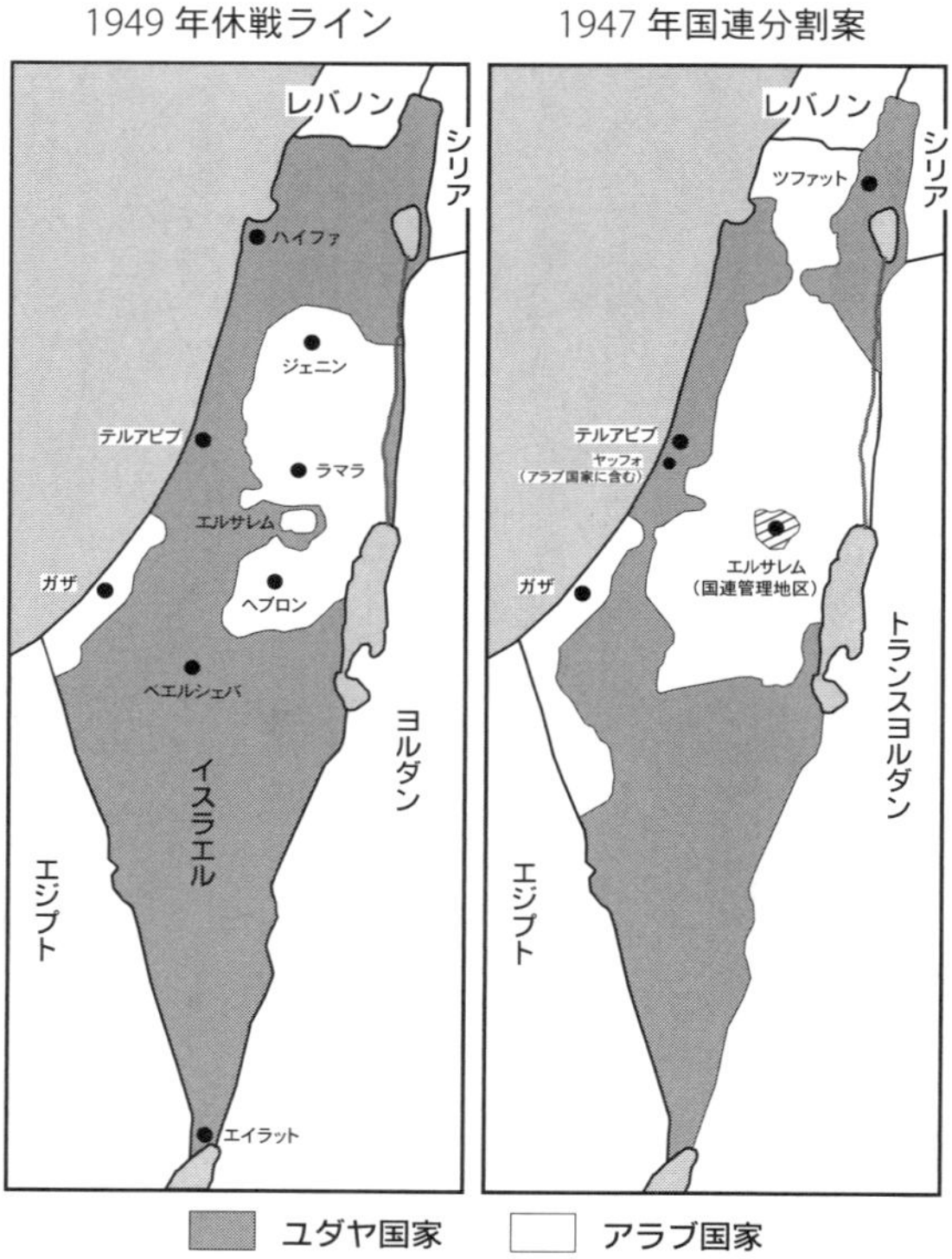

ず、ユダヤ人に味方した。

分割案を討議する十一月の国連総会を前にして、ユダヤ側にとって、重大な問題が二つまだ解決していなかった。票読みをすると、賛成票はまだ過半数に達していないこと。もう一つは、分割案に南の砂漠地帯ネゲブがユダヤ国家に入っていないこと、だった。

十一月十九日、公務を去って私人として、研究所のあるレホボットに住む七十三歳のワイツマンは、病気の体を運んで、ワシントンに飛んだ。モーシェ・シャレット（後の外相、首相）が同行した。ワイツマンはトルーマン大統領に面会し、ネゲブをユダヤ側に入れてくれるよう説得する。トルーマンは、米国の国連代表に、ネゲブを入れない米国案を撤回して、ユダヤ側に入れるように命令した。

二日前の二十七日の段階では、まだ賛成票が不足していた。フランスは棄権する予定であった。ワイツマンは、レオン・ブルム首相に電報を打ち、翻意してもらう。米国のユダヤ人も、あらゆるつてを使って、各国の国連代表を説得する。そして、ついに奇跡の逆転が成ったのであった。国連は十一月二十九日、総会において賛成三三、反対一三、棄権一〇で、パレスチナ分割案を採択した。

このとき、英国は棄権し、数週間して、委任統治は翌年五月十五日以前に終了することを宣言した。ただし、分割案の履行には一切関知しない、つまり、協力しないと居直った。

国連分割案の採択決議は、ユダヤ人に歓喜をもって迎えられた。二千年ぶりに、独立国家をもてる希望に誰もが感激した。パレスチナの町々村々で、ちょうど安息日の明けた夜、人々は踊りまくった。近い将来に国旗となる旗を振り、国歌となる「ハティクヴァ」を歌った。「五十年後には、ユダヤ人国家が成る」とヘルツェルがバーゼルのシオニスト会議の後、日記に記したように、そのヴィジョンは実現しようとしたのである。

国連決議採択のために最も貢献したのが、ワイツマンだった。

指導者ベングリオン

アラブ側は、怒りまくった。パレスチナでは、アラブのテロ攻撃が頻発した。一九四七年十一月二十九日を境に、非公式の戦争が始まったと言われる。ユダヤ社会は、今までにない、大きな試練に立たされる。

一九四八年五月十四日、英国は委任政府の役人も英軍部隊も退去する。と同時に、アラブ六カ国の軍隊はユダヤ人を地中海に追い落とそうと侵攻を準備している。ユダヤ人は、国連の分割案どおり、国家の独立を宣言したい。

この宣言の実現に至るまで、もう一度大きな障壁がのし掛かったこと、そして一人の人物の政治的決断がそれを押し返したこと、この秘話を語らなければ、建国物語はユダヤ人の勇気ある精神を伝えることを忘れたことになろう。その人とは、言うまでもない、ダヴィッド・ベングリオンである。

ダビッド・ベングリオン

ここで簡単にベングリオンの活動を振り返ってみよう。パレスチナにおける政治指導者として一九二〇年代から頭角を現した、とすでに述べた。

具体的に言うと、第一次大戦後のパレスチナは、多くのユダヤ人労働者が出現したが、ベングリオンは「ヒスタドルート（労働総同盟）」という組織をつくり、その書記長になる。一九三〇年代には、社会主義政党「マパイ」をつくり、さらにユダヤ機関（一九二九年のシオニスト会議で設立）の長に一九三五年、就いた。ユダヤ機関には、パレスチナにおけるユダヤ社会の政府の役割を果たす執行部、つまり内閣があったので、ベングリオンは実質、トップ指導者であった。ベングリオンは、イスラエル国家再建という目的に向かって、全力を尽くした。

独立宣言の二日前の決断

独立目前に大きな障壁、と述べた。それは何だったのか。

国連分割案が通った後も、米国の国務省と国防省は、アラブ側への配慮、ソ連の影響力の中東への浸透、ユダヤ人の軍事力不足で米軍が戦争に引きずり込まれるとの恐れ、などで、もう一度国連決議をひっくり返そうとする動きが起こったのである。

四八年の三月、米国の国連大使は、分割案の撤回を提案した。これにはトルーマン大統領は怒りを示し、そんな提案は許さなかったが、一方、ユダヤ側に独立宣言の延期を求めた。ここに重大な判断をユダヤ指導者は突きつけられたわけである。

現地パレスチナでは、四月にシオニスト機構の議会に相当する評議会（バーアド・ハポエル Zionist General Council）が、ユダヤ人の全代表を集めて、テルアビブで開かれた。公式声明では、分割案撤回の勧めを拒否したが、実際には賛否両論に分かれて、大きく動揺した。何としても、米国の支持を必要としていたからである。アラブ軍は強大であり、英国は反ユダヤ政策を取っている。また、ユダヤ人の中には、分割案の境界に満足せず、領土をもっと拡大したい意図で、今回の米国案に賛成する者もいた。

評議会の票決の前に、ベングリオンが熱烈な演説をした。アラブ軍の侵攻を目前にして多くの困難が予想されるが、ユダヤ人は自分たちの内にある力を結集すれば必ず勝利すると決意を述べた。彼は、米国が、英国がロシアが何を言おうが、気にしなかった唯一の人間だった（とは、ある参加者の評）。採決は、ベングリオンの案が通った。

英軍の撤退と独立宣言の二日前、五月十二日、新たに創設された臨時政府の会議において、再び彼の精神力が勝った。

取り巻く状況はさらに不利に見えた。アラブ側のアブドゥーラ国王に密かに会ってきたゴルダ・メイアの報告は、ヨルダン軍の参戦を伝えた。ハガナー（自衛組織）の参謀長、

独立宣言文を読み上げるベングリオン（1948年5月14日）

イガエル・ヤディンはユダヤ軍の勝利は五分五分以下という。ここで問題は、アラブ軍の侵攻に耐えうるかどうか。民族の生存を賭けたぎりぎりの選択である。ベングリオンは、断固として自分たちの力を信じて、立ち上がるべきことを表明した。採決の結果、臨時政府は、六対四で、評議会の独立宣言を行なう議決を支持した。

一九四八年五月十四日金曜日、英国委任統治の最後の高等弁務官カニンガムは、ハイファ港を去った。そして、ユダヤ人は、テルアビブの美術館（元ディーゼンゴフ市長の邸宅）で国家の独立を宣言した。

ベングリオンがその不撓不屈の指導力を最も発揮したのは、独立宣言を読み上げた日より二日前のその時だったと言われる。

12章　闇に輝く光

――ハンナ・セネッシュの愛と勇気

ユダヤ民族に、歴史上最も暗い闇が覆いつつあった。

一九三九年九月、第二次世界大戦がヨーロッパで勃発すると、広大なドイツ軍占領地のユダヤ人にまでナチスの迫害が迫った。

ドイツと英国は、アフリカでも戦闘に入る。もしカイロがドイツ軍の手に落ちるような事態になると、パレスチナも危ない。英軍に負けてもらいたくない。パレスチナ・ユダヤ人指導部は英国にも協力しよう、と決めた。ユダヤの若者が志願した。自衛組織ハガナーや地下抵抗組織イルグンのメンバーたちが、英軍に参加することになった。

英軍はハガナーの精鋭を選んで、訓練を施す。その中核から、「パルマッハ」という戦闘部隊が組織された。英軍は、このユダヤ・チームに危険な任務を担わせた。

やがて、ヨーロッパから、あまりにも信じがたい恐怖の実情（ホロコースト）が伝わってきた。また、ワルシャワのゲットーで、無力なユダヤ人が強力なドイツ軍に抵抗して蜂起した（四三年四月）。だが、ユダヤ人に世界のどこからも助けは来ない。

救助作戦のヒロイン

パレスチナのユダヤ人は、死に瀕するヨーロッパの同胞を何としても救いたかった。レジスタンスを支援し、隠れているユダヤ人を救助できないものだろうか。

ユダヤ人入植者の中には、ヨーロッパの各地の出身者がいる。現地の言葉を話し、事情もよく知っている。そこで、戦場になっているヨーロッパの国々に、非常に危険な任務であるが、ユダヤ人ばかりのパラシュート部隊を送る計画がパルマッハから持ち上がった。

英軍は、ユダヤ人を救うことには気乗りがしていない。それでも、パラシュート部隊は英軍の利益に適っていた。連合国軍の、乗機を撃墜された飛行士たちが各地で隠れている。彼らを救出することを第一の任務として、ユダヤ人救出はその後の任務ということで、その計画は許可された。

パラシュート部隊は、英軍に訓練された後、敵地に送られた。その隊員の中に、一人の若い女性がいた。故郷のハンガリーに潜入したが、間もなく捕縛され、銃殺されて、若い命を散らされた。

それは壮大な歴史のごく小さなエピソードに終わった悲劇だったかもしれない。しかし、彼女の短い生涯は、今もなお、多くのユダヤ人の胸に「闇に輝く一条の光」のような尊い生き方として記憶され、彼女の残した詩はイスラエルの人々に愛誦されている。

文学少女のハンナ・セネッシュ

ハンナ・セネッシュは、一九二一年七月、ハンガリーの首都ブタペストで、何不自由ない温かいユダヤ人の家庭に生まれた。ブタペストは住みやすく、歴史と文化の都だった。父親のベラは若くしてすでに有名な劇作家だったが、ハンナが六歳の時に病死した。

ハンナと兄ジョージ

その後、愛情をもって育ててくれる母親のカテリーナのおかげで、一歳上の兄ジョージと仲良く遊び、明るい少女時代を送った。父親似で文学の才能を現した。

賢いハンナのために、母は良い高校を探した。プロテスタント系の女子校だが、ユダヤ人に三倍の授業料で入学が許可されていた。ハンナはその学校が大好きになった。もちろん、学校の教師も絶賛する優等生であった。

父親の墓参りに行った十三歳の九月七日から、ハンナは日記を書き始める。十六歳のとき、一九三七年九月、高校生活に思わない事件が起きた。彼女の属する文学クラブで新役員に皆の推挙で選ばれた。しかし、結局、再選挙によって彼女は落とされた。ユダヤ人という理由であったのは明白だった。心がひどく傷つけられた。

ハンナの両親は、同化ユダヤ人の部類だったので、彼女もユダヤ人をことさら意識したことはなかった。当時、独立国のハンガリーも、反ユダヤ主義の風潮から自由ではなかった。しかし、恵まれた環境に過ごしていたハンナにとり、それは現実味を帯びていなかった。彼女の身にも、ユダヤ人差別が襲ったのである。

シオニズム運動に目覚める

しかし、この事件を契機に、彼女の内側が変わり始めた。ちょうど、ハンガリー出身の新聞記者ヘルツエルが、パリ特派員時代にフランスの反ユダヤ主義に出遭い、ユダヤ人の意識が俄然目覚め、シオニズムの提唱者になったことが思い起こされるだろう。

ハンナの日記を見てみよう。

「シオニストという、この言葉はとても多くのことを意味している。わたしにとって、わたしがユダヤ人だということを、今強く意識していて、誇りに思っている言葉だ。わたしの主な目標は、パレスチナに行き、そのために働くこと。……この理想を発見して無上にしあわせだ。足の下に確かな大地を感じる。努力のしがいのある、はっきりしたゴールを見ることができる。……人間には、何か信じるもの、心から熱中できるものが要る。自分の人生に意味があり、この世界で必要とされているのだ、と感じたい。わたしにとっては、シオニズムがそれを全部満たしてくれる」（三八年十月二十七日の項）

シオニズムに燃えるハンナは、青年シオニスト運動に加わり、パレスチナ入植のための準備に、ヘブライ語の勉強を始めたり、農業に慣れようと田舎の農場で働いたりした。パレスチナの農業学校に入学願書を出したのは、三九年三月、高校最後の年だった。

1939年9月ナハラルにて

母親は、農業学校に反対して、大学に進むように説得した。ハンナは、インテリはすでに沢山いる、必要なのは開拓者だと、言い張った。

六月、ハンナは最優秀の成績で高校を卒業した。間もなく、入学許可書が届いた。彼女は喜びに躍り上がった。母はハンナの願いを聞かざるを得なかった。

ハンナが、最愛の母を一人残し、家を出て、単身パレスチナに向かったのは、第二次大戦が勃発した直後の一九三九年九月十三日。ユダヤ新年の日だった。

イスラエルの地で

ハンナは、パレスチナに着き、ハイファ港からガリラヤのモシャブ・ナハラルにある女子農業学校に直行した。日記の九月二十三日、ヨム・キプールに、「わたしは、祖国に、『家』にいる」とその感動を綴っている。農業学校には二年間、労働しながら学ぶことになる。

四二年九月、卒業。ハンナは、その後、どこに進むべきか、悩んだ。各地の開拓を訪ねて回り、彼女の真剣な志に見合うような定住先を探していた。

その年、十二月、地中海沿岸の古代遺跡カエサリアに近い、出来て間もない若いキブツ、スドット・ヤムに決めた。新たな建設に参加する意気込みをもって飛び込んだ。しかし住む所も、まだ掘っ立て小屋のような寒さの厳しい環境。キブツのメンバーはサブラ(イスラエル生まれ)で、その仲間にとけ込めないまま、彼女は炊事と洗濯に従事して過ごした。ヨーロッパの戦況が伝えるユダヤ同胞の苦しみを思い、何もしていない自分に悩んでいた。よく独りで、カエサリアの砂浜を歩いた——おそらく祈りを抱きつつ。

その頃書いた、有名な彼女の詩がある。

エリ　エリ　　　　　わが神よ　わが神よ
シエロー　イガメル　レオラム　永久に終わることのないように
ハホール　ヴェハヤム　この砂とこの海と
リシュルシュ　シエル　ハマイム　水のさざめきと
ベラック　ハシャマイム　天の雷と
テフィラット　ハアダム　人の祈りが

燃えるマッチは幸いだ

四三年一月の日記に、突然、ハンガリーに帰ろうという思いが浮かんだ、と書いている。苦しんでいる人たちを助けたい。母をこちらに連れてこなくては、とも。

それから一カ月半後、パルマッハ隊員の一人がカエサリアに訪ねに来た。彼もハンガ

リー出身だった。ハンナにヨーロッパへの救助作戦の話を伝えると、まさに彼女の望んでいたことにぴったりだった。その計画が具体化したとき、ハンナは志願した。英軍とハガナーの面接に合格して、兵士となって十二月、訓練に召集される。

派遣隊は、二四〇人の青年が集まり、バルカン諸国には三十二人が選ばれた。訓練は、情報員として基礎訓練とパラシュート訓練だが、ハンナは、その勇敢さで人々を驚かせた。

一九四四年三月、ついにカイロに出立するその日、ハンナは信じられない奇跡の電報を受け取った。何と兄のジョージがハイファに到着したという。夢のような再会を果たし、二度と会えない旅に彼女は立った。

パラシュート隊の一行は、ハンガリーに直接行かず、ユーゴスラビアに降下した。ハンガリーがドイツに占領されたとの情報が入ったためである。ハンナは三カ月の間、パルチザンに加わって、行動した。ハンガリーへの越境はとても危険であった。しかし、ハンガリーの同胞のことを思うと、じっとしておれない彼女は、一人でも行きたい。だれも押しとどめ得なかった。

六月のある日、彼女だけでまず国境を越えることになり、直前、上官のルーベン・ダフネに、一枚の書いたものを託した。彼女の詩だった。

アシュレー　ハガフルール　　幸いだ　マッチは
シェニスラフ　ヴェヒツィト　レハヴォット　　自ら燃えて光を点ずる

悪に屈するよりも死を

国境を越えて、しばらくして、ハンナはハンガリー警察に捕まってしまった。直前に仲間に加わったハンガリーのユダヤ人の若者が、警察官に出会ったところで、あわててピストルで自殺し、怪しまれ、ハンナはブタペストに連行された。彼女の無線機も発見されて、英軍に派遣された者であることが知られてしまった。

ハンガリー官憲は、無線の暗号を欲して、ハンナを拷問にかけたが、彼女は何も白状しない。自分の名だけは明かした。それがもとで、ブタペストに住む母親が軍刑務所に連行された。

母親は、パレスチナにいると思っていた娘の、拷問で変わり果てた姿を見て、言葉もないほど、驚いた。胸の裂ける再会だ。二人は、同じ刑務所に入れられていたが、その数カ月が最後の別れとなった。釈放された母親は、弁護士を介して懸命にハンナの救助に努力した。

ハンガリーに向かって、ソ連軍が進軍している。ナチスからの解放の日が近い。そうすれば、政治犯の囚人も救われる。状況は、誰の目にもドイツの敗退は明らかだ。しかし、四四年十月ナチス・ドイツはハンガリーに圧力をかけ、ハンガリー政府は転覆して、親ナチのファッシスト政府になってしまった。

ハンナは軍法会議に起訴された。判決は二度も延期される。しかし、政変後のどさくさに紛れて、判事は彼女の裁判を処理しようとした。そして、彼女の独房に行って、「死刑を宣告された。恩赦を申し出るか」と言った。

ハンナは、上告を訴えた。不法な法廷に屈する気はない。「私が殺人者に恩赦を乞うなんて？　絶対に恩赦を求めません」と答えた。では「死ぬ準備をするがよい」と言い渡された。それが正式の判決であったかどうか疑問である。冷戦後、一九九三年になって、ハンガリー法廷は彼女の無罪を宣告した。

十一月七日午前十時、ハンナは、目隠しを拒否して、三人の銃殺隊の前に立った。同じ刑務所に収容されていたパラシュート隊の仲間が、銃声を聞いた。

母親が刑務所に駆けつけ、判事に会ったときには、事は終わっていた。ハンナの不屈な、勇気ある精神を称える言葉が、処刑者の口からも洩れた。

ハンガリーがソ連軍によって解放されたのは一九四五年一月、ハンナの死から三カ月後であった。ハンガリーのユダヤ人の七〇％に相当する五五万人が、ナチスの支配下にあった九カ月間に殺された。

「すでに存在しなくなっても、光の輝きを地球に送っている星がある。もう生者の中にいなくても、世を照らしつづける輝きの人もいる。その光は、夜が暗いほど、とくに明るい。彼らは人類の道を照らしている」

彼女はこう記している。ハンナは大きな事はできなかった。しかし、悪の闇が支配しているとき、それに抵抗し、愛と、勇気、正義が最後に勝利することを信じて、命を捧げた証人の一人であったことは確かである。彼女は、死刑を免れることができたかも知れない。しかし、悪に屈しない精神を貫いて、世を去った。

一九五〇年、ハンナの遺骸はハンガリーからイスラエルに運ばれ、国防軍の正式の儀典礼によってエルサレムのヘルツェルの丘にある軍人墓地に葬られた。

13章　キリスト教徒とシオニズム

――親ユダヤの知られざる系譜

およそ二千年前にユダヤ人は祖国の地を離れ、世界中を流浪したが、国を失っても民族の個性を保ってきた。そして、いつか父祖の地に帰る日が来るのを待ち望んでいた。

ユダヤ民族がやがて祖国に帰ると信じたのは、ユダヤ人だけではなかった。キリスト教徒の中から、そう信じ、そのような思想を述べる者が、十六世紀の終わり頃から出始めた。主として英国のキリスト教徒であったが、アメリカの信徒の間にも広まっていった。

少数ではあったが、そのような純粋な親ユダヤ（philo-Semitic）の聖書観を抱くキリスト教徒がいたおかげで、イスラエル建国が助けられたという歴史的な事実は、意外に知られていない。

キリスト教については、反ユダヤ主義という、ユダヤ教を迫害したいまわしい歴史がしばしば引き合いに出される。

それで、ユダヤ人を虐殺したホロコーストに対する罪滅ぼしとして、西欧キリスト教諸国はイスラエルの建国を支援したのだという声がある。これは二重の勘違いである。一つは、イスラエル建国はすでに十九世紀から始まっていたこと。もう一つは、キリスト教徒は少数ながら、ユダヤ人祖国回復運動に理解を示し、実際に支援した者たちがいたことである。

さらにイスラエル建国後も、キリスト教徒でシオニズムを応援する人々が続いた。近年、米国のキリスト教会保守派の中で、親ユダヤのグループが大きな勢力になっている。クリスチャン・シオニスト（Christian Zionist）と呼ばれたりするが、この呼び方は、一九七九年以後の米国における動きに用いられるようになった新しい用語であり、米国に起こった新しい政治現象でもある。

本書は、一九四八年のイスラエル独立以前の話に限定して、シオニズム運動を応援したキリスト教徒の代表的な人物を紹介したい。

英国の親ユダヤの歴史

英国の対ユダヤの歴史は、少々複雑である。

第一次大戦以後、英国政府は、ユダヤ人の祖国建設を助ける前提で、パレスチナ委任統治を任せられたにもかかわらず、アラブ民族主義に気を遣って実際にはユダヤ人の建国に消極的抵抗をした。さらに、ユダヤ移民の増加を防ぐ政策をとって、ナチスの迫害を逃れるユダヤ人に、パレスチナへの門戸を閉じた。

それは、英国の立つ地政学的な戦略のせいであった。帝国主義の植民地政策においてインドへの道を守るため、中東において、英国はパレスチナに支配権を確保し、アラブとの宥和政策がどうしても必要だったのであろう。

ユダヤ側はベギン一派、イルグンが対英国レジスタンスを起こして、英軍との戦闘に入った、という過去がある。しかし、政治的に不幸な衝突があったにしても、時々の政権とは別に、英国のユダヤ民族への姿勢は公平に見なければ、真実を見失う。英国は、他のヨーロッパ諸国と同様、反ユダヤの歴史があるが、一方、親ユダヤのキリスト教徒が早くから現れた。そして、ユダヤ人のシオニズムに先立って、ユダヤ人帰還の思想を述べていたのである。この点が他の西洋諸国と異なる。

中世のヨーロッパは、反ユダヤ一色であった。イギリスに古代ローマの進出とともに定住してきたユダヤ人が、一二九〇年、エドワード一世国王によって追放された。三百数十年、英国にはユダヤ人は住んでいなかった。ユダヤ人が英国に戻ったのは、一六五五年、

ピューリタンを乗せてアメリカに渡ったメイフラワー号

清教徒革命の指導者クロムウェルの許可によった。

清教徒、あるいはピューリタンと呼ばれるキリスト教徒は、カトリックから分離した英国国教会（聖公会）の信仰が不徹底であるとして、一層の純化を願った人々だった。

この時代の大きな特徴は、キリスト教史上、聖書が初めて人々の手に渡り、だれでも読めるようになったことで、英国のクリスチャンも旧約聖書を熱心に読むことが始まった。ヘブライ語の研究も進められ、聖書中のイスラエル民族の存在、聖書の預言に関心が及ぶようになる。少数ながら、英国の神学者の中に、「ユダヤ人がパレスチナの祖国に帰還する」との預言を言い出す者が現れたのである。

ピューリタンの一部の信徒が、新しい植民地アメリカに渡り、ニュー・イングランドを建設した。彼らによって最初に創立されたハーヴァード大学で、ヘブライ語が教えられたと言われるのも、旧約聖書がいかに重んじられていたかの証拠であろう。

このようにして、英国の宗教文化に、親ユダヤの素地が生まれていった。それは英国社会にも少しずつ浸透していった。ユダヤ人の英国移住許可、そして十八世紀には英国市民権をユダヤ人にも許可、ユダヤ人の実業界での活躍（ロスチャイルド家など）と発展していた。

聖書が原文で読まれることの結果は、長い期間を経てみると、このように時代を変える影響力となることがわかる。

英国の文学と旧約聖書

十九世紀は英国の興隆の時代である。

ユダヤ系でありながら首相にまでなったベンジャミン・ディズレーリは、巧みな文筆家でもあった。彼は小説の中で、主人公がユダヤ人のためにエルサレムを建設しようとしたり、入植計画を立てたりする物語を著した。

英国の文学界は、ユダヤをテーマに多く取り上げていて、大変に興味深い。

ロバート・ブラウニング

詩人バイロンは『ヘブライの旋律』にユダヤ人の苦境への同情を詠い、また詩人ロバート・ブラウニングはヘブライ語を勉強し、旧約聖書を原文で読み、『ラビ・ベン・エズラ』という詩でユダヤ賢者の生涯を語った。

もちろん、反動として、ユダヤ人への嘲笑と偏見を含む作品も出た。チャールズ・ディケンズなどもそんな小説を書いたという。全般的に英国は、必ずしも親ユダヤとは言えないが、それでもドイツやフランスのような反ユダヤ主義が表面化したことはない。

ジョージ・エリオットの多大な影響

女流作家ジョージ・エリオットによって一八七六年に書かれた小説『ダニエル・デロンダ』は、ユダヤ民族のシオン再建への同情を込められた、渾身の作品だった。それは大変な反響を呼んだ。

英国の歴史家ポール・ジョンソンはその著『ユダヤ人の歴史』において、ジョージ・エリオットを紹介し、次のように述べている。

「ジョージ・エリオットの本（『ダニエル・デロンダ』）は世界中で大々的に売れた。十九世紀のすべての小説家の中で、彼女はヨーロッパ大陸と北米、そして英国に住んでいた知識人から最も尊敬を受けた小説家であった。彼ら全員に対して、そして特に何十万という同化ユダヤ人に対して、その小説ははじめてシオンへの帰還の可能性を提示したのである」

ユダヤ社会も、温かくこの小説を迎えた。ユダヤ人の若者が読んで、大きな刺激を受けたのである。ヘブライ語に翻訳もされた。それを読んだ一人に、イエフダー・パールマンという青年がいた。彼こそ、イスラエル国家の建設がユダヤ民族の目的だと確信して、パレスチナに帰還を決意し、ヘブライ語の復興を使命に生きたエリエゼル・ベン・イエフダーである。

特に、『ダニエル・デロンダ』が英国の次の時代を担う世代に読まれたことの意味は大きかった。バルフォア宣言（ユダヤ人国家を支持）を用意したアーサー・バルフォアもその一人だった。のちにシオニズムを理解し、応援する素地が培われていたのである。

ジョージ・エリオット

ダニエル・デロンダ

ちなみに、第一次大戦中、シオニズムに反対したのは、実に英国のユダヤ人の指導層であったとは、歴史の皮肉である。

ローレンス・オリファント

英国の貴族で、外交官、政治家、旅行家、文筆家、神秘家という多彩な経歴の持ち主で、ユダヤ人の祖国建設に賛成した人に、ローレンス・オリファント（一八二九〜八八年）という人物がいる。日本とも縁の深い人である。（詳しくは、八木一文著『新世界と日本人幕末・明治の日米交流秘話』（現代教養文庫）を参照されたい）

オリファントは、一八六一年、英国の在日公使館に一等書記官として幕末の日本にやって来た。着任後間もなく、水戸浪士に襲撃されて重傷を負い、帰国する。それでも、日本に対して好意を持っていたらしい。英国で薩摩藩の留学生と出会い、彼らの面倒を見る。そのひとりに森有礼（後の文部大臣）がいた。

晩年のオリファントは、ユダヤ人のパレスチナ入植を支援することに捧げた。一八七九年、パレスチナを訪れた彼は、荒廃した土地を見て、ユダヤ人にこの地を返すことが、神の約束であると考えた。そこで、『ギレアデの地』（一八八〇年）という本を書いた。これはユダヤ人に広く読まれ、キリスト教徒がユダヤ人の入植を支援してくれるという評判が立った。

オリファントは、何人かのユダヤ人に会い、彼のヴィジョンを語り、互いに刺激し合っている。その一人、ペレツ・スモレンスキンという小説家は、ウイーンで著名なヘブライ語雑誌『ハシャハル』を出していた。パレスチナに行くことを誘ったが、スモレンスキンの健康が許さず、それは実現しなかった。

オリファントに大きな影響を与えた人物は、「ホベベイ・ツィオン（シオンを愛する人々）」の指導者の一人、ラビ・モヒレバーであった。

オリファントは、やや軽率だった。トルコ政府が実際、パレスチナを統治しているのに、ユダヤ人移民に簡単に許可証が出るかのような印象を与えた。キリスト教徒から財政的援助も得られるかのようにも思わせた。ロシアのユダヤ人の「ビルー」という団体の指導者がオリファントに面会し、強い希望を抱いた。

ローレンス・オリファント

一八八二年、ビルーの一団（社会主義の理想を抱く学生たち）が、パレスチナに帰還した。ところが、待っていたのは、賄賂を要求する役人たちで、一切身ぐるみをはがされて、一文無しで、ヤッフォの街にやっとのこと宿を借りた。しかし、幻滅の中からビルーは立ち上がった。彼らは、有名な第一アリヤーと呼ばれるが、オリファントという変わったキリスト教徒が、その火付け役になったわけである。

余談になるが、オリファントは、彼の秘書にユダヤ人の青年を雇ったが、その人の名はナフタリ・ヘルツ・インベルという。彼は後に、イスラエル国歌となった「ハティクヴァ」の作詞をした詩人で、日露戦争の後、感激して明治天皇に捧げる詩をも書いている。

ヘルツェルの顧問、ウィリアム・ヘクラー

ウィーンの新聞の特派員テオドール・ヘルツェルは、一八九四年、パリにおいて、ドレフュス事件という、ユダヤ系将校ドレフュスが冤罪で処罰されるのを目撃した。東欧やロシアにも反ユダヤ主義は起こっていたが、文明国フランスでの事件に衝撃を受けて、ヘルツェルは目覚めた。ユダヤ人は自分の国家をもつ以外に救いはないと。

それから、ヘルツェルは自分の生涯をシオニズム運動に捧げた。具体的な建国運動としてのシオニズムは、彼から始まったと言ってもよい。

しかし、考えてみれば、彼は一介の新聞記者にしかすぎない、何の後ろ盾もない男だった。彼のアイデアを、ロスチャイルドなど、有力なユダヤ財閥に訴えても、門前払いを食

らっただけだった。

そこに不思議な、天の助けともいうべき、思ってもいなかった人物が出現したのである。

ヘルツェルの日記によれば、一八九六年三月十日、預言者のような長い髭《ひげ》をはやした牧師が突然、部屋に入ってきた。驚いていると、闖入《ちんにゅう》者は、「さあ、やって来たよ」と言った。ヘルツェルは、「どなたですか」と答えた。彼は、「あなたの驚くのも無理はない。一八八二年以来、あなたの到来を予言していた……私はあなたを助けに来たのです」

男は、一八八二年に自分で書いた本をヘルツェルに見せた。『預言者による、ユダヤ人のパレスチナへの復興』と題されていた。彼によれば、一八九七年から九八年頃にユダヤ人にパレスチナが回復されるという。その奇跡を待望していたときに、ヘルツェルの著書『ユダヤ人国家』（一八九六年）を知って、早速、彼のもとに駆けつけた、と説明した。

ウィリアム・ヘクラー

男は、自己紹介をして、ウィーンの英国大使館付きチャプレン（聖公会司祭）のウィリアム・ヘクラーと名乗った。ヘクラーは、ドイツ皇帝の親戚、バーデン大公の家庭教師をしていて、皇帝とも親しかった。ヘルツェルは、運動中に出会ったうちで、最も非凡な人物だ、と日記に書いている。

二人は尊敬し合う友人になった。ヘクラーはヘルツェルの顧問になり、そのシオニズム運動の確固とした支持者となった。

ヘルツェルは、彼にこう告白した。それまで彼が出遭ったのは、反対以外の何もない。それで、重要なことは、政治に携わる権威ある人と会い、目に見える関係をつくることだと思う。大臣でも、プリンスでもだれでもいい。そうすれば、ユダヤ人も自分に従ってくるだろうと。最も有望なのは、ドイツ皇帝であると。

彼の願望は、ヘクラーのおかげで、実現していった。

第一回シオニスト会議には、ヘクラーは非ユダヤ人でありながら、特別に招待された。また、ヘルツェルの最期の病床に許された少数の一人であった。

イスラエル建国がヘルツェルの献身に負うとすれば、それはキリスト教徒ヘクラーの功績もあることを忘れてはならないだろう。

では、なぜヘクラーがシオニズムを理解し、それを支援するようになったのか。

ヘクラーはインドで伝道中の英国宣教師の家庭に生まれ、聖書によって培われたユダヤ民族への愛を父親から引き継いだ。それは、旧約聖書を重んじ、ユダヤ人の祖国復興を信じる英国ピューリタンの伝統の中で生まれたものであった。

ヘクラーは、一八八〇年代のロシアにおけるユダヤ人迫害（ポグロム）を知ったとき、熱心なシオニストになったのである。

余談になるが、ヘクラーは、若い日のマルティン・ブーバーに汽車の中で出会い、ブーバーが見せた自作のシオニズム賛歌の詩に大変感激した。そしてそれを勝手に出版した、というエピソードがある（『評伝マルティン・ブーバー』より）。

ハガナーを育てた英国将校

一九三〇年代のパレスチナは、ユダヤ人の国づくりは進展しながらも、英国の委任統治下にありながら、アラブ反乱と称されるアラブのテロが吹き荒れていた。

テロ集団は、ユダヤを憎悪するアラブ人、ハジ・アミン・アル・フセイニーがシリアから送った殺し屋で、金で雇われた連中だった。ユダヤ人居住区が襲われた。ユダヤ人と共存を考える穏健なパレスチナのアラブ人指導者も殺された。そのうちに、イランからハイファに通じる石油パイプラインが攻撃されるようになった。

英国ももう黙っておれない。英軍は、**オード・ウィンゲート**という将校をパレスチナに送り込んだ。一九三六年のことである。

彼は、すでにスーダンで数々の戦績を挙げていた勇士である。後に、第二次大戦中、ビルマ戦線でジャングルの奥深く日本軍を相手に戦い、英雄として故国に迎えられた。パレスチナでの経験を生かしての活躍だったと言われる。

それでは、ウィンゲートはパレスチナで何をしたのか。当時、ユダヤ人は自衛組織「ハガナー」を組織していた。英政府からは非公認の、いわば秘密組織であったが、アラブ暴動の手前、英国も半ば認めざるを得なかった。ユダヤ人に同情的だった彼は、ハガナーを活用した作戦を考えた。そして上官の許可を得た。ハガナーは当初、英軍将校である彼を警戒したが、説得されて彼に協力することにした。

ウィンゲートは、「特別夜間攻撃隊」を結成した。そして、ハガナーの兵士に訓練を施して、パトロール隊を作った。アラブ・テロ集団の隠れ家（時にはアラブ村）を襲い、報復をした。ウィンゲートのゲリラ作戦は成功した。

オード・ウィンゲート

おかげで、ウィンゲートによってハガナーは、初めて専門家から軍事訓練を受けたのであった。その中には、将来のイスラエル国防軍の幹部になる者も含まれていた。モーシエ・ダヤンはその一人で、「ウィンゲートは我々にすべてを教えてくれた」と感謝している。

ウィンゲートは、ユダヤ人の軍隊を育てようとしていたが、単なる軍人としての職業的意識からでなく、シオニズムの理想に共鳴していたからであった。そのことをはっきりと公言するので、上官も棄てておけず、一九三九年、英軍は彼を本国に帰した。

実は、彼の母親がプリマス兄弟団の宣教師の家庭出身で、信仰の篤い雰囲気でウィンゲートは育てられた。旧約聖書の預言書もヘブライ語で読めたという。ユダヤ人の聖地帰還は預言の成就だと信じて、イスラエル国の建設を応援しようとしたのである。

イスラエルは、オード・ウィンゲートのハガナーへの功績とシオニズムへの理解を忘れず、この恩人の名を国立スポーツセンターに名付けて記念としている。

他にもイスラエル建国を支持したキリスト教徒の働きは数々ある。それについて語る機会が与えられることを期したい。

14章　女性労働シオニストの献身

――ゴルダ・メイアの原風景

「私が三歳半か四歳だったころ、私たち一家はキエフの小さな家の一階に住んでいた。私はまだ幼かったが、ポグロムがやってくると聞いたのを今もはっきり覚えている。むろん、当時はポグロムがなんなのか知らなかったが、ポグロムがユダヤ人であることに関係があり、ナイフや角材を振りまわして「キリスト殺し」と叫びながらユダヤ人を捜しまわる暴徒の集団とかかわりがあるということは、おぼろげながら理解していた。そして、彼らが私と家族に恐ろしいことをしようとしているのだということもわかっていた」

この恐怖におびえる幼児の記憶は、『ゴルダ・メイア回想録』（評論社刊）の冒頭の一節である。

ゴルダ・メイア

ロシア人の暴徒に対して身を守るために、入り口に木の板を打ちつけて侵入を防ぐことしか手段がない親たちの惨めな姿。ユダヤ人であるがゆえの無力と不条理に、幼いゴルダ・メイアはユダヤ人であることの運命、そして自分自身で生き延びるための行動を取るしかないことを、深く認識したのであろう。

やがてアメリカで成長したゴルダは、シオニズム運動を知り、パレスチナに帰還し、キブツで労働に励む。運命は、彼女を建国の父ベングリオンの元で政治活動へと導いた。彼女なくしては、建国は不可能だったかもしれない、と言っても過言ではない。優れた政治指導力という天分を備えたゴルダは、イスラエル建国後はソ連公使、労働大臣、外務大臣を歴任し、ついに一九六九年に首相にまで上り詰めた。

この建国後の輝かしい履歴は別の機会に譲ることにして、開拓者を志し、そして人間的な苦労と悲劇を乗り越えて、働く女性の悩みを抱えながら、健気に生きた、若い日の知られざるゴルダ・メイアの物語を語りたい。

ロシアの幼年時代

ゴルダは、一八九八年三月五日、当時はロシア帝国のキエフ（現ウクライナ）で生まれた。父親のモーシェ・マボビッチは伝統的なユダヤ教徒で、大工であった。とても貧しい生活であったので、ゴルダが五歳のころ、父親は一旗揚げようと夢見て、「黄金の国」アメリカに旅立った。

ゴルダの上に一人、九歳年上の姉シェイナがいた。最も感化を受けたのが、その姉からであった。父親の留守の間、家族はピンスク（現ベラルーシ）に住む母の両親の元に移ったが、ピンスクという町はユダヤ人の多いところで、警察に危険視される社会主義者でシオニストの運動（ポアレイ・ツィオン）に姉は加わっていた。シェイナの仲間たちのことと、それを母親が心配する様をゴルダは心に刻んでいる。

ピンスクは、ユダヤ民衆がどこよりも一早くヘルツエルのシオニズム運動を熱狂的に迎えた地域である。ヘルツエルの死（一九〇四年）を伝える大人たちの悲しみを忘れがたく、幼いながら彼女もヘルツエルの名を覚えた。すでに、心の土壌に、後に活躍するための使命感の種子が蒔かれていたのであった。

渡米した父親は、最初ニューヨークにいたが、北部のミルウォーキーに移り、一九〇六年、家族を呼び寄せた。

ミルウォーキーの少女が

幼いゴルダはロシアの町とは違うミルウォーキーの町に、また新しい食物、新しい言葉に本当にびっくりした。家ではイディッシュ語を話すが、やがて英語にも不自由しなくなる。

ゴルダの悩みは、母親が小さな食料品店を開き、彼女が店番をさせられたこと。小学校に通いながら、よく本を読み、映画も観たりした。わずか十一歳の四年生の時に、彼女は貧しくて教科書代を払えない同級生のために募金活動をすることを思い立った。これが彼女の生涯を貫く「公的活動」の最初だったという。友だちと組織を作り、集会を開き、募金の目的を演説した。

ミルウォーキー時代

初等学校を成績優等で卒業したが、ゴルダは教師になることに憧れた。しかし、両親は昔風に、「女は賢くなくていい」と教育に反対した。母親は遅くならないうちに結婚を勧める。両方とも、とても頑固である。ゴルダは、アルバイトしながらも、高校に通う決心をして、そのとおり実行してしまう。母親も負けてはいない。結婚の相手を探してくる。年齢がゴルダの年の倍もある男を。そこで彼女は、彼女らしい思い切ったことをした。

そのころ、姉のシエイナは、ピンスク時代の恋人が渡米してきて、結婚し、コロラド州のデンバーに家庭を持っていた。ゴルダは、理解のある姉に励まされて、勉強に集中しようと願って、こっそり姉の元に家出を敢行したのである。これも年十四歳のとき。

姉の家に住み込み、学校に通い、姉の主人シャマイのクリーニング店を手伝う。デンバーで「私の人生が本当に始まった」と回顧録に記している。

姉の家は、ロシアからのユダヤ人移民の集会所のようにいろいろの若者たちが立ち寄る場となっていた。社会主義者やシオニスト、アナーキストがいて、時代の問題、ユダヤ人の未来、文学、哲学などが語られていた。一番年下のゴルダも眼を輝かして聞き入った。

ゴルダは、中でも社会主義シオニズムの考えに共鳴した。ユダヤ人の郷土、自由と独立、搾取のない社会という思想である。姉の家で、彼女ははじめて「労働の聖者」A・D・ゴルドンのことを聞いた（6章参照）。彼女がもっとも会いたい人物の一人となった。また、詩人のラヘルにも魅せられた。

デンバーの若者たちの中に、一人の物静かな青年がいた。そのモリス・メイヤーソンは、家族がリトアニアからのユダヤ人移民だった。モリスは、詩や美術や音楽を愛し、ゴルダにそれを教えた。二人は恋仲になった。

労働シオニストになる

そうこうするうちにゴルダは、父親の勧めで、もう一度ミルウォーキーの家に帰ることにした。家の雰囲気も変わっていた。高校を卒業すると、教師の職についた。

ゴルダは、口先だけのシオニストにはなりたくない。ついにパレスチナに移住する決心をして、労働シオニストの組織、ポアレイ・ツィオンの党員に正式になった。

問題は、モリスが一緒にパレスチナに行ってくれるかどうかである。ここでゴルダの本性が現れる。モリスは、根っからのシオニストではなかった。芸術家タイプと言ったらよいだろう。彼女が「パレスチナに行かないなら、結婚しない」などと最後通牒を出したわけではない、と回顧録に語っているが、どうも強引に説得したようである。

一九一七年十二月、母親の必死の願いで結婚式は、ラビに伝統的な式であげてもらった。新婚間もないころに、党の新聞拡張に数週間も家を留守して、父親に叱られる。それからも公的活動を優先させて、姉のシェイナからもっと家庭を大事にしなさいと注意された。

ゴルダは一日も早く、パレスチナに行きたかったが、当時は、第一次大戦の末期で、航路が閉ざされていた。

やっと一九二一年の五月に、二人は、パレスチナに出航した。姉も「自分だってシオニストだ」と言って、子連れで一緒に行くことにした。とてもひどいボロ船で、途中で修理しつつ、ナポリに着き、乗り換えてエジプトのアレキサンドリア港にたどり着いた。その後は、陸路を鉄道での旅で、テルアビブに着いたのは、もう七月の暑さのむせ返る、環境が最悪の時期だった。

キブツの生活

テルアビブでは、皆がまず住むところから探し、仕事探しを始めた。その当時は公的な援助などなかった。二人は、北のエズレル平原にあるキブツ、メルハビアに入る申込みをした。

最初に、申込みはいとも簡単に拒否された。その理由は、キブツ・メンバーはみな独身で、既婚者の参加は認めていない。第二に、軟弱な（と思われた）アメリカの若い女性にはキブツの激しい労働と集団生活に耐えられないだろうということ。それでも二度目の申込みで、面白いことに、彼らが手巻きの蓄音機（昔の、レコードプレーヤー）を持っていることで、共同体に貢献するという理由で、キブツへの参加を許可された。

ゴルダは、与えられたタフな労働に進んで取り組んだ。何でもできることを証明する意気込みである。野外の労働、そして台所、養鶏場で働く。特に、ニワトリについては勉強と実地を重ねて専門家になった。彼女はキブツ生活を心から喜び、満足していった。

労働ばかりでなく、彼女は別のタレントも発揮する。キブツは直接民主主義で、皆が運営に参加するが、彼女の組織力、政治力がキブツに認められるようにもなる。運営委員会のメンバーに選ばれ、早くも一九二二年にキブツ運動会議にメルハビア代表に選ばれて参加した。その会議は、最初のキブツ、デガニアで開かれ、ベングリオンはじめ全国から錚々《そうそう》たる人物が集まっていた。

ところが、夫のモリスはキブツの生活に馴染めなかった。精神的にも肉体的にもついて行かれず、病気に倒れた。二人はキブツを離れることにした。一九二四年、一時テルアビブの姉の家で過ごし、エルサレムに行った。

ゴルダにとって、エルサレムでの四年間の生活はとても惨めな思いをした。長男のメナヘムと長女のサラが生まれた。極度に貧しく、子供の食物を心配しなければならない。しかし、それが悩みではなかった。彼女がパレスチナにやって来たのは、家庭の主婦になるためでない。本来の目的から離れているという喪失感だった。その上、夫のモリスとは、心が通わない。

労働運動の組織で働く

ゴルダは、ある日、たまたまテルアビブに行ったとき、労働シオニストの組織、「ヒスタドルート（労働総同盟）」で働かないかとの誘いを受けた。職はヒスタドルートの「婦人労働者協議会（モエツエット・ハポアロット）」の書記官だった。

彼女の願ってもない職場であるが、これには大きな覚悟がいることだ。テルアビブに住み、海外出張があり、フルタイムに仕事に専念すれば、モリスとの結婚は実質上、終止符を打つことになる。また、子供たちのよい母親でいられるかどうか。だが結局、自分の使命に生きることを選んだ。一九二八年、三十歳のときである。二人の子供を連れて、テルアビブに移った。それ以来、モリスとは別居した。

ゴルダは、そこで四年間、働いた。この組織は、若い女性入植者のための職業訓練を与え、新しい土地に早くとけ込めるのを助ける画期的な事業をする職場だ。女性が主婦として務めるだけでなく、外で働くことは、労働シオニズムの理想だった。

ゴルダは、子供を育てる母親の役と職業人との両立の難しさも体験した。女性は男性以下の能力としか認められていない時代である。ゴルダは使命に全力を投じて、甘えを排した。かわいそうなのは子供たちであった。

ゴルダがヒスタドルートの中で、頭角を現すのに時間はかからない。彼女は、もともとアメリカ人である。ロシア系の多い労働シオニストの中で、アメリカのことはよく知っている。英語も母国語である。そこで、海外からの要人の通訳もする。アメリカに代表として派遣されることにもなる。こうしてしばしば渡米をし、パレスチナとアメリカの連絡係として有名になった。全米を巡回し、彼女の演説はすばらしく好評だった。

一九三二年、娘のサラが重病のため、無理して治療のために子供を連れて渡米した。それをきっかけに二年間は、アメリカの姉妹組織「パイオニア・ウーマン」（パレスチナのために広報や募金をしてくれる組織）で活動した。子供二人もアメリカで生活した。

一九三四年にパレスチナに戻ると、ゴルダはヒスタドルートの執行委員会の一員に選ばれた。これはイ

演説をするゴルダ（1943 年）

シューブの自治政府の内閣に相当する重要な職位だった。それから、彼女はイシューブのあらゆる問題にかかわっていった。

時代は、パレスチナの外ではヒトラーが政権を握り、ユダヤ人への迫害が公然と行なわれ、パレスチナを委任統治するイギリスはアラブ側に味方し、パレスチナのユダヤ社会をしめつけ、アラブの暴動が頻発した。そんな情況において、堪能な英語と弁論力、交渉力を備えたゴルダは委任統治政府との折衝に活躍した。さらに彼女は、執行委員会の政治部門の長に昇進する。

第二次大戦前後からイスラエル独立までの歴史は、重大な出来事が錯綜している。その流れの中で、ゴルダは寝る暇もなく、いろいろと公務に尽くす。

独立のための資金

一九四七年十一月二十九日、国連でパレスチナ分割案が採決された。アラブ諸国は分割案に反対し、ユダヤ人の建国を認めず、戦争に訴えるのは明白であった。

六十万のユダヤ人社会は、四千万のアラブとの戦争を覚悟しなくてはならないが、パレスチナのユダヤ人には武器も兵員も不足していた。戦争の準備が全くできていない。武器を買う資金が必要だ。アメリカのユダヤ人に頼るより他にない。

ところが、一九四八年の初め、財務担当がアメリカから帰国すると、七、八百万ドルくらいしか集まらないだろうと報告した。秘密会議で、ベングリオンは、自分が渡米する決意をのべた。しかし、彼の役割はもっと重要で絶対に国を離れてはならない。皆も反対した。自分が行くと、ゴルダは志願した。ベングリオンは「すぐ行け」と命じた。

ゴルダは、着の身着のまま、アメリカに飛び立った。ハガナー（自衛組織）の買い物リスト——武器、弾薬、毛布、テントなど——をもって。

シカゴで、非シオニスト組織のユダヤ人の連合と福祉基金の総会があった。ゴルダは全くの無名であった。大物たちを前に演説した。

「……皆さんは、われわれが戦うべきかどうかを決めることはできません。われわれは戦うのですから。あなたがたが決められるのは、ただ一つ、この戦いにおいてわれわれが勝つか、ムフティ（アラブの反ユダヤ主義者）が勝つか、だけです。それはアメリカのユダヤ人が決められます。今がその時なのです」

会場に驚くような感動を与えた。そして六週間の旅で、彼女は五千万ドルを集めた。これは、ヨーロッパで武器を購入する資金になった。

それからのゴルダの働きも、すさまじかった。独立前のユダヤ機関の政治部門責任者として、アラブ婦人に変装してトランスヨルダンのアブドゥーラ国王との会見にアンマンま

労働大臣時代（1949年）

で行ったりしたことはすでに述べた。
再び五月十四日の独立宣言後にアメリカに行くが、今度はイスラエル国の代表として歓迎された。イスラエルが独立をかけて戦い続けている最中である。イスラエルと一体感を覚えてくれるアメリカのユダヤ人のおかげで、今度の募金活動も大成功を収めた。
歴史に「もし」は禁句だが、もしその資金がなかったら、独立戦争を戦えなかったことは明白であろう。ベングリオンは、「いつの日か、ユダヤ人国家を可能にした資金を作ってくれたユダヤ人の女性がいたと、歴史に書かれるだろう」と言った。
なお、別居中の夫モリスは一九五一年、世を去った。一九五二年、政府の指示でゴルダの姓はメイヤーソンから、ヘブライ名のメイアに変えられた。ゴルダ・メイアは、自分の家族の犠牲の上にイスラエル国の母として生きた。

15章　米国最大のシオニスト組織ハダッサの母

――ヘンリエッタ・ソールドの生涯

エルサレムの西の郊外、エンカレムにイスラエル最大の総合病院ハダッサ・メディカル・センターがある。その歴史は、開拓時代の一九二〇年代にさかのぼるが、最初はエルサレムの東にあるマウント・スコパスにあって、ユダヤ人、アラブ人に平等に医療の機会を提供してきた。建国前には、アラブの王侯も入院して治療を受けたといわれる。

患者の人種、宗教に関係なく接するその博愛精神のゆえに、二〇〇五年にはノーベル平和賞候補にノミネートされた。この病院を創設し、今も支援しているのは、「ハダッサ」という名の米国婦人シオニスト組織である。ハダッサは、アメリカの数あるユダヤ系団体のなかで最大の会員数（およそ三十万以上）を誇り、建国前のパレスチナ・ユダヤ社会、イシューブを支援し、ハダッサ病院に象徴される精神で、今日も様々の活動をしているこ

ヘンリエッタ・ソールド（1913 年）

とで知られている。

ところで、このハダッサを創設したのはヘンリエッタ・ソールドという婦人である。わずかの仲間と共に彼女はその運動を始めた。時に一九一二年。

ソールドは、篤信のユダヤ教徒であり、パレスチナにユダヤ人の祖国建設を理想とするシオニストであった。彼女がパレスチナに移住して、医療、教育、ソーシャルワークなどの実践活動に身を献げたのが、驚くことに年六十歳になってからであった。

生涯独身で過ごし子を産んだことのないソールドは、何千何万のユダヤ人の子供から「母（イマ）」と呼ばれた。彼女の晩年に、ナチスドイツから子供二万二千人を救出した「ユース・アリヤー」運動（二二六頁参照）に献身したからである。

アメリカのユダヤ人が恵まれた生活を離れて、実際にパレスチナに行くのは、非常に勇気と覚悟がいることである。アメリカにシオニストは多くいても、行動した人はゴルダ・メイアなど極少数である。

日本でソールドのことを知る人は少ない。イスラエルでも名は知られているが、その生涯は忘れられているようだ。シオニズムのために労しイスラエル建国の礎を置いたソールドであったが、パレスチナのユダヤ共同体では彼女は「アメリカ人」と見られたようである。ソールドは、何度もアメリカとの間を往復し、あるいはユース・アリヤーの使命でヨーロッパを旅し、エルサレムに帰ると、膨大な仕事が待っていた。激務をこなすハードワーカーであった。しかし、日記や肉親への手紙などから、つねに孤独感を抱いていたことが伺える。

それにはわけがある。政治を嫌った彼女は労働シオニストの立場から距離をおいた。彼女は本質的に宗教的であった。六十年もアメリカに過ごした彼女に、ヘブライ語を日常的に使いこなすのは無理であったが、それを非難された。英国委任統治の時代に生きたが、基本的にはイギリス人を信頼して、ソールドは英政府と交渉した。アラブとの間の平和共存を願う平和主義者で、ヘブライ大学総長のユダ・マグネスや哲学者のマルティン・ブーバーと共に、アラブ共存を目指す思想運動「イフード」に参加したために、多数派から拒否された。

イスラエル建国途上には、シオニズム内での孤独との戦いという心理的な苦難も経なければならなかった人がいたことを、ソールドの人生から見てとれる。

しかし、アメリカでは現在でも、ユダヤ婦人の地位向上に果たした彼女の役割が、高く評価されている。確かにハダッサを通して、アメリカのユダヤ婦人に公的奉仕という目標を与えた功績は大きく、よい意味でのフェミニズム運動の先駆者とも言えよう。イスラエル建国という側面以外に、ヘンリエッタ・ソールドが記憶される理由である。

シオニズムに出合う

ヘンリエッタ・ソールドは、一八六〇年十二月、アメリカのメリーランド州ボルティモアで生まれた。奇しくも、建国の父ヘルツェルと同じ年である。ハンガリーから渡米してきた両親の最初の子供で、父親ベニヤミンはラビとして招聘されて長く地元の精神的指導者として活躍した。ヘンリエッタは生き残った五人姉妹の長女であった。父親は、彼女を愛して息子のように教育をした。伝統的なユダヤ教の学問はもちろん、家庭の中ではドイツ語を母語とし、世俗の学問をも鍛えられた。

高校を卒業すると、父親は彼女を手元に置きたかった。秘書のように父親を助け、また地元の私立学校の教師を十五年も務めた。かわいそうに、ヘンリエッタは婚期を逸してしまったようだ。

ここでアメリカのユダヤ人について、簡潔に歴史を振り返ると、一八八〇年代までは主流はドイツ語圏からの移民で、アメリカに定着して比較的富裕層であった。ところが、八〇年代から迫害を逃れてロシアや東欧からユダヤ難民が来るようになる。そして、圧倒的な多数のロシア・東欧系ユダヤ人がアメリカ・ユダヤ社会を占めて、今日に至っている。

最初のドイツ語圏のユダヤ人が住んでいたボルティモアにも、ロシア系が移民してきた。父親と共に、移民者を支援し、交流が始まった。ロシア系ユダヤ人は、正統的な信仰の持ち主であった。ソールド父娘は共感する。その上、彼らは最新のニュースとして、パレスチナ帰還の動き、シオニズム、レオ・ピンスケルの著『自力解放』などの話を伝える。ソールドは自分もシオニズムに改宗した、と述べている。彼女は彼らのために夜学校を開いて、英語やアメリカに定着するための学習を指導した。

一八九三年、ソールドはボルティモア・シオニスト協会のメンバーになり、九六年に彼女のシオニスト思想を発表している。ヘルツエルの『ユダヤ人国家』よりも一カ月早かった。

ユダヤ出版協会の時代

ソールドは、一八八八年に創設されたユダヤ出版協会（ＪＰＳ）に唯一の女性メンバーに選ばれ、長い間関わることになった。ＪＰＳは、英語圏のユダヤ人のために英語のユダヤ教関連文献を提供しようという非営利団体で、現在も活動している。

一八九三年から始まり、およそ二十年間も、働いた。ほぼボランティアに近い低賃金で、彼女は翻訳に、編集に全エネルギーをユダヤ出版協会の仕事のために注ぎ込み、多大の貢献をしている。しかし、ここにおいて彼女の生涯の悲劇が生じたとは、運命の摂理という以外にない。

一九〇二年に父親が亡くなると、母親と共にニューヨークに移り住み、ユダヤ出版協会の仕事を続けながら、ソールドはユダヤ神学校（ＪＴＳ）で学ぶことを願った。ヘブライ語やタルムードを勉強し、父親の遺稿を編集するためでもあったが、学校から「ラビになりたい」と言わない条件で入学を許可された。今の時代なら、彼女はラビの資格を与えられたであろう。

ＪＴＳで若い優秀なタルムード学者にソールドが出会ったのは、一九〇三年、彼女の四十二歳の頃であった。ルイス・ギンズバーグといい、彼女より十三歳年下である。リトアニア出身でドイツからやって来て、英語が不十分だった。彼女が家庭教師をすることになった。ユダヤ出版協会ではギンズバーグの著書を出版したい意図で、彼女が翻訳編集を担当する。一緒に長い時間を過ごし、あるいは散歩を共にし、『*The Legends of the Jews* ユダヤ人の伝説』の構想を練った。

ソールドは、ひそかに恋心を抱くが、プラトニック・ラブに徹し、思いを伝えない。しかし、彼の素振りから彼が自分を好いてくれているものと、密かに解釈した。共同の仕事は進んだ。ところで、一九〇八年、ギンズバーグは、ヨーロッパに旅行し、家族を訪問しているあいだに、突如十八歳の女性と婚約してしまった。

ソールドは、彼に裏切られたと思った。この失恋に大打撃を受ける。実は、彼の結婚の前に、ソールドは三度も結婚の申し込みをもらっていたが、すべて断って、彼からのプロポーズを待っていたのである。周囲の者も、二人の関係を知っていて、ギンズバーグを密かに非難するのだった。だが、後の祭りである。

ユダヤ出版協会は、傷心のソールドに半年の休暇と資金を与えた。彼女は七十歳の母親と共にヨーロッパに旅立った。この機会に、二人はパレスチナまで足を伸ばした。これがソールドの人生の、また、シオニズムの転換点となったのである。

パレスチナ旅行とハダッサ創設

ソールド母子は、馬車に乗って、ほぼ一カ月の長きにわたって、ガリラヤの開拓地を含めパレスチナを見て回った。エルサレムの旧市街は、貧困とあらゆる病気の猖獗《しょうけつ》する不潔な町であった。

エルサレムには、若干の病院があった。〝近代的な〟シャアレイ・ツエデク病院を訪ねたが、近代的と言われるにしては、レントゲンをはじめ、何の設備もない。全パレスチナには医師やナース（看護婦）が不足していた。女性や子供の健康を案じる彼女だった。

実は、ソールドはシオニスト婦人の勉強会をもっていた。母親から「あなたの会がなんとかしなくちゃ。パレスチナで実際的な仕事をしなさいよ」と言われた。

ニューヨークに帰り着くと、ソールドはシオニズム活動に専心するようになった。ユダヤ出版協会の仕事のかたわら、次なる自分の使命を探った。

一九一二年二月二十四日、あるユダヤ教会堂で、ソールドはパレスチナにユダヤ人の祖国建設がなるために、ユダヤ婦人の力の結集を訴えた。そこで「アメリカ・ユダヤ婦人シオニスト組織」が結成されて、彼女はその代表に選ばれた。そしてアメリカ・シオニスト機構（ZOA）の婦人部として認められた。当時として、まさに画期的なことである。組織はプリムの祭りの、女主人公エステル（ペルシアで虐殺から民族を救う）のヘブライ語名、「ハダッサ」を名称にすることになる。

ハダッサの医療活動

ハダッサは、一九一三年、まずナースを二人送り、エルサレムにオフィスを構えた。最初の年に五千人の患者を診た。

　第一次大戦が始まると、トルコ政府によって医師などは追放され医薬品は不足し、パレスチナの医療環境は悪化し、人々の健康は劣化した。そこで再び入国できる日を待ち望んで、アメリカ・シオニスト医療団（メディカル・ユニット）が計画された。一九一八年、四十五人の医師とナース、数百トンの医薬物資を送ることに成功した。

　一九二〇年、ソールドは責任者としてパレスチナに派遣された。彼女はアメリカ・シオニスト機構の医療団の理事の役をも引き受けていた。最初のナース養成学校を開き、卒業生はやがて医療現場に活躍する。ユダヤ人のみならずアラブ人にも医療が開放された、ハダッサのこの根本方針は、ソールドのユダヤ教徒としての信仰から出ていた。

　一九二三年には病気の妹の看病にアメリカに戻り、ハダッサの会長の仕事を再開し、さらに組織を発展させる。三年後に、パレスチナに帰国し、世界シオニスト機構の三人制執行役員の一人に選ばれて、健康衛生と教育の担当をする。彼女の努力で、医療と教育のインフラが構築されていた。

　三〇年にハダッサは彼女に一時帰国を要請した。ところが、それはソールドの七十歳の誕生を盛大に祝うためであったと、ニューヨーク港に着いて知った。船が着くと、新聞社のカメラマンが待ち構えていたのである。

ハダッサ・メディカル・センター（エンカレム）

ハダッサは会員数が三万七千人に達した。ソールドは再び、エルサレムに帰った。

ハダッサのメディカル・ユニットの役割は変わってきた。それまでの活動で全域的に医療施設インフラは整い、医療の役目は労働シオニストのクパット・ホリームという組織が引き受けるようになった。ハダッサ医療団はヘブライ大学と協力し、教育と研究のための医学部を有する大学病院となる。

社会福祉の必要

帰国後、ソールドは、イシューブの事実上の議会に相当する「バーアド・レウミ」の執行委員会の一人に任じられた。彼女は、イシューブに何をしなくてはならないか、よく考えた。

一九三〇年代は労働シオニストが支配層になり、労働組合であるヒスタドルートに連なる人々は社会的に恩恵を受けることができた。しかし、そうでない人々もいる。病人、老人、未亡人、都市の住民、オリエンタル系ユダヤ人は苦しんでいる。街に孤児が溢れていた。ソールドは、社会福祉の欠陥に思い至り、ソーシャルワークの必要に気づいた。

ユダヤ社会は伝統的にハルカーという寄付金に頼る制度がある。宗教家はそれによって暮らし、それは個々の富豪の一種の気まぐれに任せることで、ハルカーの特長は不安定と不平等であった。

ソールドは、社会福祉の近代化、システム化を図った。バーアド・レウミの承認のもと、アメリカの資金援助を得て、事務所を開いた。彼女のヴィジョンが本格的に開花するのは、建国後になる。

ユース・アリヤー

一九三〇年代は、ドイツでナチスが台頭し、ユダヤ人の運命に暗雲が迫っていた。しかし、その当時ナチスの残虐的なホロコーストを予想する者は少なかった。

ユース・アリヤーを迎える（前方左から２人目）

ユダヤ人に職業に就く機会は奪われ、子供は学校にも行けない。子供たちの未来は暗い。そうだ、子供たちをパレスチナに送ろう、キブツで訓練を、と発想した一人の女性がいた。ベルリンに住むラビの妻で母親であるラハ・フライアーは、いろいろ回りまわって、ついにソールドを訪ね援助を乞うた。ソールドは、最初はドイツの事情を飲み込めず、フライアー夫人の話に半信半疑だった。ソールド自身が、ベルリンを訪ねた。

　そうして、ソールドは、子供をパレスチナに送る運動に、パレスチナ側、つまりユダヤ機関の代表として責任をもつことになる。それは「ユース・アリヤー」と呼ばれ、約二万二千人をナチスから救った。ユースの対象は十五歳から十七歳までの少年少女だった。

　一九三四年二月に、最初の一団がハイファ港に到着。英国委任政府とビザの交渉ほか、それまでにどんなに煩雑な手続きをソールドがやり遂げなければならなかったことか。だから、彼女はすべての子供の名を覚えていた。船が着くと、一人一人を迎える。子供たちは、同時に「ハティクヴァ」を歌い出す。もう彼らは書類や統計ではなく、彼女の子供になった。

一行は汽車に乗ってエズレル平原を行き、キブツ・エンハロデにたどり着いた。そこでも彼女は細かく面倒を見る。わが子に対するように、ドイツ語で話しかける彼女の激励の言葉を子供たちは忘れない。

同じドラマがその後何年も続いた。アメリカのハダッサは、喜んでユース・アリヤーを資金的にも道義的にも支援した。

そのほか、ナチスから逃れて流浪の旅を続けたポーランドの子供たち「テヘラン・チルドレン」(イラン経由で一九四三年パレスチナに到着)の救出にも、彼女は関わった。

ソールドは、一九四五年二月十三日、ハダッサ病院で静かに息を引き取った。オリーブ山に埋葬される日は、雪交じりの寒い日だった。彼女に別れを告げるために、何千という人々が、全国遠近から、町や村、キブツからやって来た。救われた少年の一人がカディッシュを祈り、ユダヤ教の伝統的しきたりに従って、彼女の骸は白い布に包まれ葬られた。

その後いつからか知らないが、ソールドの命日、シュヴァット月三十日は、「ヨム・ハミシュパハ（家族の日）」とされて、イスラエルの暦に載っている。それがソールドを記念するためだったと知る人は少ない。

16章　宗教シオニズムの系譜

――聖と俗の架け橋、ラビ・アブラハム・クック

シオニズムの先駆者はラビだった

ユダヤ人が祖国に帰還するという夢は、もともとユダヤ教の伝統の中に生き続けていたのにもかかわらず、近代のシオニズム運動に対して最初、正統派ユダヤ教徒が賛同しなかったというのは事実であった。

しかし、それから短絡的にシオニズムを世俗的（非宗教の）ユダヤ人の民族主義運動だと解釈したり、ユダヤ教はシオニズムに無関係であったと判断したりするのは、これも真実から遠い。

むしろ逆であって、父祖の地シオン（パレスチナを指した）に帰ろうという思想を、ヘルツェルよりも以前に最初に唱えたのは、一人のユダヤ教のラビであった。

イェフダー・アルカライ

その人の名はイェフダー・アルカライ（一七九八～一八七八年）という。彼はトルコ領バルカン半島のボスニアのサラエボで生まれ、エルサレムで少年時代を過ごし、ユダヤ教の教育を受けたが、カバラーの神秘主義の影響を受けた。

アルカライは、伝統的なユダヤ教の信仰をもっていたが、他の宗教家がただメシア（救い主）を待望するだけなのに対して、ユダヤ人がイスラエルの地に帰り、そこに入植してホームを再建することによって、イスラエルの贖い（救い）は促進されると信じた。この思想の提唱は、一八三四年のことである。

彼は、その思想を小冊子や本に書いてユダヤ人の間に訴える努力をしたが、なかなかその努力は報われなかった。最初用いた言葉がスファラディー系のラディノ語であったので、ほとんど知られず、後にヘブライ語で書くが、彼の考えは正統派ラビから拒絶された。

それでも、ヨーロッパやイギリスを何度も歴訪し、具体的に入植のための組織作りを図った。それも失敗している。晩年、七十三歳のとき、パレスチナを訪問し、三年後に妻と共に帰還した。そして、エルサレムで生涯を終えたのは、彼にとって幸いであった。

宗教シオニズムの先駆者たち

出現が早すぎたのか、ラビ・アルカライは忘れられてしまった。しかし、ユダヤ教徒の中から、同様な思想を掲げるラビが続いて出ている。

たとえば、アルカライと同じ世代のラビ・ツヴィ・カリシャー（一七九五〜一八七四年）がいる。プロシアで生まれ、同国のトルン（現在ポーランド領、コペルニクスの生誕地）でラビとして生涯を過ごして亡くなった。カリシャーは、アシュケナジー系の正統派ユダヤ教に属していた。

『ドリシャット・ツィオン』

彼も、アルカライと同じく、しかし独立して、シオンの贖いはユダヤ民族の側でも行動を起こさなければいけない、というシオニズム思想を唱えた。著書は、一八六二年に『ドリシャット・ツィオン（シオンを求めて）』をヘブライ語で書いているが、東欧で最初に出たシオニズム思想の本であった。もちろん、単に思想を述べるだけでなく、入植運動への提案と有力なユダヤ人を訪ね回って、そのための行動を起こしている。

その他、もう一人の先駆者を紹介すると、ラビ・シュムエル・モヒレバー（一八二四〜九八年）が大事な人物である。ロシア領のリトアニア、グレボキ（現在、ベラルーシ）で生まれ、有名な正統派のボロズィン・イエシヴァー（ユダヤ教学院）で学んだ彼は、ラビとしてあちこちのユダヤ人共同体で奉仕した。そのかたわら、ホベベイ・ツィオン運動の創始者の一人になって、パレスチナの聖地への初期の入植運動に関わったのである。

ラビ・モヒレバーは、ヘルツェルの最初のシオニスト会議に出席するつもりだったが、健康が許さず、代わりに弟子を代表として送った。その時のモヒレバーのメッセージは、彼の信条をよく表している。「たとえ宗教について意見が異なっていたとしても、（シオニスト）会議はすべての『シオンの子ら』を団結させることが不可欠なのです」。翌年、彼は世を去った。

シュムエル・モヒレバー

モヒレバーの理念の下で生まれたのが、ミズラヒーと呼ばれる運動である（一九〇二年）。ヘブライ語の「メルカズ・ルハニー（霊的センター）」の略称で、彼の精神的遺産を引き継いで設立され、シオニズム運動の中で、今も活動している「宗教シオニズム」を代表する組織の一つである。

その理念が「イスラエルの地にイスラエルの民が、イスラエルのトーラーに従って」というように、トーラー（旧約聖書のモーセ五書、広くはユダヤ教の教え全般のこと）を前提にしている。社会主義思想の労働シオニズムとの違いは明確である。

ミズラヒー運動の大きな貢献の一つは、「ブネイ・アキバ」と呼ばれる青少年運動である。イスラエル最大で、今も七十年の歴史をもち、イスラエルのみならず世界の各地に支部をもっている。

ユダヤ社会の亀裂を救った人

シオニズムの開拓が始まる前からも、少数ながらパレスチナには昔からユダヤ人が住んでいた。エルサレム、ヘブロン、ガリラヤなどで、宗教を守っている人たちだ。多くはスファラディー系である。最初の入植運動である第一アリヤーで東欧ロシアから来た人々も、イエメンなどイスラム圏から帰還したユダヤ人も、信仰深かった。このように、伝統と宗教を大事に思う人々の集団を、オールド・イシューブ（イシューブはユダヤ人社会の意）と呼ぶ。

一方、二十世紀の開拓者たちは、社会主義の理想を実現しようと、帰ってきた人たちである。ユダヤ教の伝統に従わない世俗主義者であった。

オールド・イシューブは、このニュー帰還者を非難し、ユダヤ教の伝統を守らない異端者が聖地を汚していると嘆いた。他方、ユダヤ教徒の間でも、先住のスファラディー系と後から来たアシュケナジー系との相克があった。

世界各地から二千年ぶりに集合するユダヤ民族は、解決しなければならない問題を多く抱えていた。経済の格差、生活文化の相違は、なんとか我慢も出来よう。だが、イシューブのかかえるこの新旧の亀裂こそは深刻な問題であった。宗教観の不一致は、目指すべきユダヤ人国家の性格の根本に触れてくる。そのままで本当に祖国建設が実現するのだろうか。

この時、一人の人物が出現して、このオールド・イシューブとニュー・イシューブの架け橋となったのは、シオニズムの歴史で奇跡といってもよい幸運であった。正統派ユダヤ教徒であり、シオニズムの理想を理解する人物。イスラエルの神の配剤とでも表現できるだろう。

その人の名は、**ラビ・アブラハム・イサク・クック**（一八六五～一九三五年）という。

ラビ・クック

ラビ・クックは、パレスチナの初代主席ラビとなった人である。一九〇四年に、パレスチナにやって来て、三五年に亡くなったが、ちょうどパレスチナのユダヤ社会の発展期に輝く光のような存在であった。

二十世紀における正統派ユダヤ教のうちで最も権威のある指導者と見なされるラビ・クックは人々に愛され、また彼自身宗派や信条、思想の相違に関係なしに人々を愛し交わったラビであった。今日までも、イスラエルに、また世界のユダヤ社会に影響を及ぼし続ける、希な人格である。

タルムード学者、哲学者、文筆家、詩人、そして神秘家と言われるラビ・クックの思想や人格はあまりに偉大で、とても凡俗が紹介できるものではない。理解が困難なためか、イスラエル建国の歴史書において彼は滅多に語られないが、ラビ・クックぬきの歴史はどんなに詳しい記述も画竜点睛を欠くことになる。不十分な説明でも、あえて、試みたい。

ラビ・クックの生涯初期

ラビ・クックは、一八六五年、北西ロシアのグリーベという小さな村でラビの家系に生まれ、両親が共に篤信だったおかげで幼い時から「タルムードの海」に投げ込まれた。素晴らしい学徒であった彼は、九歳でイルイ（神童）の名を得る。青年クックは、ボロズィンの有名なイエシヴァー（ユダヤ教学院）に入学したが、この学校は当時最も優れたタルムード研究センターと言われた（ボロズィンは、ベラルーシの町の名）。

ボロズィン・イエシヴァーの学院長はラビ・ナフタリ・ツヴィ・イエフダ・ベルリン（略称はネツィヴ）という高名な老ラビであったが、クックの才能と信仰心を見抜き、彼を大層可愛がった。ラビ・ベルリンは、「クックを教育するためにのみボロズィン・イエシヴァーが建てられたとしても、それに値するだろう」と評価した。

このラビ・ベルリンは、シオンへの帰還を支持する、ごく希な正統派の指導者であった。ちなみに、彼の子、メイール・バルイラン（ベルリンをヘブライ語で読み替えて姓とした）は正統派ユダヤ教徒で、かつ熱心なシオニストで、ミズラヒー運動に参加している。イスラエルの宗教系のバルイラン大学（テルアビブ）は彼の創意から誕生した。

ラビ・クックは、師の感化のもとにシオニズムやイスラエルの地に関心をもつに至った。後年のイスラエル帰還への渇望とシオニズムを支持する素地はボロズインにおいて培われた。

イエシヴァーを修了したのちも、学問を熱心に追究した。若い時代に、伝統的なタルムード学習にのみ限らず、ヘブライ語、聖書、カバラー（神秘主義思想）をも研究し、さらに当時の世俗文化や西洋哲学にも精通した。そのおかげで、正統派ユダヤ教徒でありながらクックは独自な思想家となり、ユダヤ民族が直面する危機的問題を理解した彼は、正統派の伝統的なしがらみを破ることができたのであろう。

著名なラビの娘と結婚した後、クックは、リトアニアで二つの町のラビとして過ごした。二十四歳から三十九歳の頃である。彼の敬虔さと学殖の深さは評判になり、正統派の目覚めたスポークスマンとして有名になった。

聖地に帰還する

一九〇四年、三十九歳の時、ラビ・クックは、念願の聖地、イスラエルの地への帰還を果たした。ヤッフォのラビとして招聘されたのである。（妻の父が先にエルサレムに移住し、エルサレムのラビ法廷の長をしていたが、仲介の労をとってくれた）

ラビ・クックは、パレスチナに来てすぐに、各地の農業入植地を訪ねた。入植地の開拓者たち（ハルツィームと呼ばれた）は、今までと違うラビにびっくりした。彼らの理解者だからである。正統派のラビたちは、ユダヤ教の律法を守らない彼らを非難していた。

ラビ・クックは、開拓者と交わるゆえにユダヤ教徒から批判を受けたとき、彼はこう説明した。

「古代イスラエルでは神殿の最も聖なる所は、大祭司のみが入ることが許された至聖所である。しかし、神殿が再建される必要のあるときは、普通の労働者が入って仕事をすることが許された。現在は再建の時であり、労働者が至聖所に入ることは許される。やがては多くの敬虔な者や祭司が来るだろう」

これは、クックが文字どおり第三神殿を再建することに賛成しているという意味ではない。パレスチナに入植している人々を、神殿を建てる労働者にたとえ、彼らが律法を守らない不信仰者と見なされても、彼らはイスラエルの神に用いられているのだ、と肯定したのである。

クックは、独自の宗教哲学を明らかにし始める。それは神秘主義の、超俗的なカバラー思想と近代的な現実主義とが混じった思想だった。

エレツ・イスラエル――イスラエルの地――は聖なる地であり、ユダヤ人が聖地に定住するのでなければ、ユダヤ人の使命は成就することはできない、と説いた。

ユダヤ人がイスラエルの地に帰って来たことは、民族史の新しい時代が始まるばかりでない。預言者の預言した「イトハルタ・デ・ゲウラ」すなわち、（世界の）贖いの始まりを告げることだと信じた。

ラビ・クックは、入植地において信頼を勝ち得て、宗教や教育上の助言者となった。経済的にも発想して、エトログ（仮庵の祭りに用いる柑橘類）の栽培を奨励して、聖地の産物を用いるよう世界中にユダヤ人に働きかけたりした。

ユダヤ教には、七年ごとに土地は農耕を禁止する安息年（シェミター）という律法（ハラハー）がある。これをそのとおり実行したら、入植者は破産してしまう。一九〇九年に、この問題が大きく持ち上がった。以前からも未解決であった。ラビ・クックが、その律法を中止する裁決をしたことで、入植者は助けられた。

パレスチナの主席ラビ

一九一四年、ラビ・クックはドイツを旅行中に、第一次世界大戦が勃発して、帰る道を閉ざされ、スイスに二年留まり、ロンドンに渡った。彼は、ロンドンのユダヤ人に向かって、もっと積極的にシオニズムを支援するよう説得した。一九一七年のバルフォア宣言の実現に側面的に支援したのが、ラビ・クックであった。

戦争が終結すると、イスラエルの地に帰国し、一九一九年、エルサレムのアシュケナジー・コミュニティーの主席ラビに招聘された。一九二一年には、全パレスチナのアシュケナジー主席ラビとなった。そして、一九三五年に亡くなるまで、その地位にあった。
この時期は、ちょうどイシューブの発展期でもあり、動乱期でもあった。ラビ・クックは、ユダヤ社会のあらゆる党派論争の激しい中で、欠くことのできない偉大な精神的指導者として働いた。

彼の最初の仕事は、パレスチナのラビ団の組織化であった。イシューブの精神的支えとして、ユダヤ教が必要であることを認識していた。当時、英国委任統治政府が支配していたが、ラビ・クックはユダヤ教の公認の代表者となった。

しかし、主席ラビはイシューブ各方面から支持があった中で、彼の寛大な律法の解釈や世俗の人々への友好的態度を嫌悪する正統派の一部過激グループから拒否された。ナトレイ・カルタという超過激派ユダヤ教の集団が、彼を主席ラビとも認めず、異端と宣告した。今日までも存続するこの少数派は、イスラエル国を認めていない。

教育と著作

ラビ・クックは、イシューブのために精神的指導者や教師を世に送り出す必要を思った。一九二四年、タルムード学校、イェシヴァーをエルサレムに創設した。その「メルカズ・ハラブ」は今日も機能しているが、その創設の時、ラビ・クックはユダヤ法と共に、世俗的、科学的学科も教えるように定めた。彼の死後も、この学校は、一人息子のラビ・ツヴィ・イエフダ・クックに引き継がれて、多くの人材を生み出した。現在、イスラエル最大のイエシヴァーである。

ラビ・ツヴィ・クックの貢献の一つは、父の未刊の作品を編集し、刊行したことである。メルカズ・ハラブの出版部門は、「モサッド・ハラブ・クック」と称し、一九三七年に創立された。ラビ・クックは、宗教哲学的な本から、注解、エッセイ、詩、書簡類など様々に膨大な著作を残している。

不思議に、彼はユダヤ教の護教的な、神学的な弁明の本は書いていないし、異端を論破することもしていない。神学は第二義的としか見なしていない。

彼は、ユダヤ教を熱愛するが、全人類に押しつけようとはしない。いろいろの宗教があってよいとし、おのおのは神への道であると認めている。また、すべての民族はそれぞれ特質があり使命を持つ。そして諸民族の中で、イスラエルは「祭司の民であり、聖なる民族」としての使命を持つと、クックは信じた。

ラビ・クックの著書で、最も著名なものに、『オロット・ハテシュヴァー（回帰の光）』、

『オロット・ハコーデッシュ（聖なる光）』がある。

ラビ・クックの人柄

ラビ・クックの人格像は、ユダヤ教の律法に通暁した学者であると同時に、最上の義人（ツァディック）であった。彼の人気は、彼の学殖によるよりも、彼の人格によると言えよう。民衆には、彼の高遠な思想は知られていない。しかし、次のような逸話は流通していた。

＊

一人の婦人が一本の燭台を持ってラビ・クックの家を訪ねて来た。ラビは、聖書を講義していた。しかし、婦人の涙声を聞くと、中断して、どうしたのかと尋ねた。

彼女は、夫が病で手術の必要があるが、八十ポンドもの大金がかかる。そこで地方の慈善事務所に行って、燭台を担保に二十ポンドほど借りたいと申し出たが、断られた。どこにも行く所がなくて、ラビの家に来たという。

早速ラビはポケットをさぐった。しかし、お金が見つからず、奥に行って、金時計とチェーンを持ってきた。アメリカを訪問したときに、プレゼントにもらったものだった。ラビは、「これで必要なお金を借りなさい。ただし、だれから時計を貰ったかは内緒にしてね」と言った。

婦人は、慈善事務所に行って、それで借金を申し込んだ。所長はこんな素晴らしい金時計をどこから手に入れたのかと尋ねるが、彼女は約束を守って黙っていた。そこで、所長は彼女を窃盗の罪で訴えるぞと問い詰めたあと、やっと彼女は真相を話した。所長は感動して、彼女に時計を返し、彼女の燭台で二十ポンドを貸した。

ラビ・クックは困っている人がいると、持っているお金はみな渡してしまうのだった。それで、共同体の会計係は彼の給料は奥さんに渡すことにしていた。それでも、彼は求めてくる人には、家にある物を何でも、あげてしまうのだった。

＊

ラビ・クックの息子であるラビ・ツヴィは、晩年の父親を回想して次のように述べている。

父はいつもコミュニティの要望を過重に背負い込んでいた。なにもかもが任されていた。例えば、嘆きの壁でユダヤ人がショファル（牡羊の角笛）を吹くことをやめるよう仲裁を求める（英国の）高等弁務官の呼び出しや、ビザの発行も助力を願う人、等々。父が個人的にしてやりたかったあらゆる事。病気で亡くなる少し前でさえ、ある人のために書類を整えるために街の中を領事館に走って行った……そのとき、苦痛（クックは癌に冒されていた）を和らげるための水瓶が、急いだために身体の前でぶらぶら垂れ下がっていたのを記憶している。父はいつでも自分の手で物事をやりたがった。……

アルロゾロフ事件

ラビ・クックの晩年、イシューブを分裂させるような暗い事件が起こった。

一九三三年六月十六日、労働シオニストの指導者の一人、ハイム・アルロゾロフがテルアビブの海岸を散歩中に銃撃されて殺された事件である。シオニスト修正派の党首アブラハム・スタフスキーが容疑者として逮捕され、告訴された。

労働党と修正派は、互いに権力闘争中であったので、証拠不十分にもかかわらず、労働党シオニスト側は党をあげて、スタフスキーを犯人と断定して、大騒ぎをした。裁判所はスタフスキーを有罪、死刑と判決したが、この時、ラビ・クックは「彼は犯人ではない」と弁護に立ち上がった。労働党側は、世論を見方にして彼を非難する。しかし、ラビは挫《くじ》けず、世界中に訴えた。

もちろん、スタフスキーはラビ・クックに会ったこともなく、戒律を守るユダヤ教徒でもない。しかし、不正な裁判を糺《ただ》し、一人のユダヤ人の命を救うために、この義人は奮闘した。世界中のユダヤ人、非ユダヤ人の政治、宗教の指導者に電報を打つ。一方、労働シオニスト側から悪口が激しくラビ・クックに浴びせられた。

ラビ・クックは、被告人のスタフスキーを全く個人的には知っていないし、アルロゾロフとは逆に彼の祖父が優れたラビであることを知っており、彼と面談したことがある。なぜ、彼がスタフスキーの無罪を信じたのか、分からない。神秘家のクックは、天から教えられたのか、彼の直観か。

ついに彼の再審裁判で、スタフスキーは無罪となった。その日は、一九三四年のティシャーベアブ（神殿崩壊記念日）の前日であった。彼はラビに会ってお礼を言い、ラビの勧めのように西の壁で感謝の祈りを捧げた。その後、彼は多くのユダヤ難民の救出に活躍したという後日談がある。

この事件をとおして、ラビ・クックが正義を愛し、イスラエルの子らを慈愛の心で守る父のような聖者であることを人々は再び知らされたのであった。

晩年

ラビ・クックは、三〇年代、イシューブの困難な時代に、人々の慰めとなり信仰を鼓舞して希望を湧かせた。苦悩する指導者たちが訪れ、あるいは詩人ビアリクや無名のユダヤ人が出入りした。世界中から、ユダヤ法の質問が寄せられて、答えを求めた。ユダヤ人の生活にかかわるあらゆる面に及んだ。また、病人を見舞った。

主席ラビとしてコミュニティーの仕事を過重なまでに担ったが、自分をユダヤ民族の僕であると見なし、それらの多くの要求に全力で応えたのである。癌に冒されていたが、それを抱えていても、怯まなかった。

生涯最後の日の遺言は、「イスラエルの中の分裂を正当化したり黙認したりしてはいけない」と訴え、世界シオニスト会議への参加を促して、「神がシオンを選び給うたのを見ていながら、シオニストでないなどとどうして言えようか」と。一九三五年逝去した。

〔補足〕ある過激アラブ民族主義者の生涯
――ハジ・アミン・アル・フセイニーについて

パレスチナ問題ほど、誤解が真実と思われている国際紛争はないだろう。ユダヤ民族がアラブ人の住んでいるパレスチナに勝手に入植して、元の住民を追い出して、イスラエルを建国した。そのせいでパレスチナ問題がおこり、イスラム教徒は怒り、聖戦に走っている。今の世界のテロはこれに原因している――このような見方が常識化しつつあるのではないか。

シオニズムに好意的なファイサル王

二十世紀に入って、次第にユダヤ人の祖国帰還は、国際社会の中で注目されることとなって、第一次世界大戦中、英国はバルフォア宣言を発して、ユダヤ人のナショナル・

ホーム（民族郷土）を建設することに賛成し、協力することを誓った。

当時のアラブ側の反応はどうであったか。まず、アラブ地域はトルコ帝国の一部で、どこにも独立した国家はなかった。アラビアのローレンスに率いられた「アラブ反乱」は、アラブの独立を目指したものである。

アラブの代表的指導者は、メッカのハーシム家の族長シェリフ・フセインであったが、その息子ファイサル（後にイラク国王）は、ユダヤ人の帰還運動に好意的であった。彼は、一九一九年パリ講和会議の折り、シオニストの指導者ハイム・ワイツマンと会談して、バルフォア宣言に賛意を表して、互いに協力し合う約束をした。この仲介をしたのは、例の英国人ローレンスであった。ユダヤ人の入植がこの地域の発展に寄与し、アラブ住民にとっても益であることを理解していたと言える。

ファイサルがシオニスト指導者のフェリックス・フランクフルター教授に送った手紙にはこう書かれてある。

「アラブ人、特に教養ある者は、シオニズム運動に深い同情の念を抱いています。……我々はユダヤ人の帰還を心から歓迎します。……我々は中東の改革のために力を合わせて働いているのであり、我々の二つの運動は互いに補足し合うのであります。ユダヤ人の運動は民族主義運動であり、帝国主義ではありません。シリアには我々双方を収用できる充分な余地があります（注・トルコ支配下では、パレスチナはシリアの一部であった）。私は、お互いがなければ本当の成功はあり得ない、と確信するものであります」

この相互信頼に水を差し、アラブ側に不信感をもたらしたのは、英国の二枚舌外交であったことはよく知られている。

もう一つ、パレスチナ問題にまで悪化させた事態がある。意外に知られていないが、それは第一次大戦後のパレスチナに起きたアラブ民族主義の過激行動であった。これはアラブ一般民衆の中に目覚めた自然発生の運動というよりも、ある一人の人物の思想と行動に導かれたものだった。それはユダヤ人のみならず、アラブ人にも不幸な結果を生んだ。

その人物の名は、ハジ・アミン・アル・フセイニーという。日本ではなぜか、その存在は明らかにされないでいるが、現在に至る紛争の歴史を理解するのに必要な人物である。

ユダヤ憎悪の指導者

フセイニーは一八九三年生まれのエルサレム出身のアラブ人。二十歳のときにメッカに巡礼したので、ハジと呼ばれる。第一次大戦が始まると、最初はトルコ軍に従軍するが、形勢不利と見るや、途中で英国側に寝返る。

パレスチナに英国軍がトルコに代わって進出し、この地を統治するようになった。それまで、トルコ時代はユダヤ人もアラブ人も比較的互いに友好的であった。エルサレムの旧市街は、長い間ユダヤ教徒、イスラム教徒、キリスト教徒がそれぞれ平和共存して暮らしてきた。

戦争が終わると、パレスチナに、再びユダヤ移民の波が押し寄せた。第三アリヤーと呼ばれる、ヨーロッパからやって来た帰還運動である。

当然、アラブの地主階級は、土地を売って利益を得るが、一方、小作人が土地を離れて労働者になるなど、ユダヤ人の増加によって自分たちの地位が脅かされることを恐れた。アラブ支配層の不安な空気を察して、若いフセイニーは反ユダヤのお先棒をかつぐ。アラビア語新聞の記者をしていた彼は、事実を誇大に歪曲して、「ユダヤ人がアラブ人を追い出し、(イスラム教の)モスクも破壊される」と書きたてる。

一九二〇年の過ぎ越しの祭りに、突然、ユダヤ人街はアラブ人の暴動におそわれる。この時の首謀者がフセイニーで、英国政府より十五年の刑を宣告されたが、トランスヨルダンに逃亡。こうして彼は狂信的な反シオニストの名声を勝ちえた。

英国が、国際連盟によってパレスチナの委任統治を任せられ、初代パレスチナ高等弁務官にユダヤ系のハーバート・サミュエル卿が赴任した。ユダヤ人が喜んだのもつかの間、彼は、アラブを懐柔する政策をとり、パレスチナの秩序を回復するために、フセイニーに恩赦を与えた。柔弱なサミュエル卿は、英国政府内の反ユダヤ勢力に押し切られたのである。

フセイニーの反ユダヤ戦略

フセイニーは、免罪されただけに満足せず、権力を握るために、エルサレムの「ムフティー（イスラム教の法官）」の地位を求めた。彼はアラブ人の間でも必ずしも評判は良くなかった。それで巧妙に策を練って、一九二一年、サミュエル卿に任命させることに成功した。さらに、エルサレムのイスラム最高評議会の議長にも選ばれ、膨大な運営資金を自由にできる立場につく。すると、資金を反ユダヤの宣伝とテロ活動につぎ込んだのである。後に自らグランド・ムフティーと名乗り、権力を利用するようになる。

英国の意図に反して、アラブ側の反ユダヤ・反英の騒動は鎮まらなかった。しかし、委任統治政府は断固取り締まるようでもなかった。一九二九年、三六年のアラブ暴動では多くのユダヤ人が殺され、ユダヤ社会は莫大な被害をこうむった。

フセイニーの扇動の仕方は、イスラム教徒の宗教感情に訴える作戦であった。彼は、エルサレムの神域に「岩のドーム」やエルアクサ・モスクを再建することによって、エルサレムの地位と名声をイスラム世界に高めることに成功する。アラブ諸国からの献金によって、黄金ばりのドームが建ったのである。宗教上の権威が増し加わった彼は、向上した地位を政治宣伝に利用した。

フセイニーが、「ユダヤ人がイスラム教の聖所を破壊する」と宣伝することで、素朴なイスラム教徒をジハード（聖戦）に扇動することは容易だった。握った資金でパレスチナ地域外からテロリストを呼び入れた。被害者はユダヤ人だけにとどまらない。穏健アラブ人や、彼のライバルである有力者が次々暗殺されていった。フセイニーがパレスチナ・アラブの指導権を握って以来、彼のテロリズムによってユダヤと協力していこうとする穏健派アラブ人の存在が不可能となった。彼のモットーは、「剣だけがこの国の運命を決める」であった。

このようなフセイニーのテロ活動から身を守るために、ユダヤ人の中から自衛団ハガナーが生まれることになる。

フセイニーは親ナチス

さすがに、一九三六年のアラブ暴動に対して、英国はフセイニーに対しムフティーの身分を解除し、追放処分に処した。彼はパレスチナにおれず、シリアに亡命する。

フセイニーは、生涯、二度とパレスチナの地を踏むことはできなかった。その後は、ナチス・ドイツと連携を取り、ヒトラーの反ユダヤ政策をアラブに移植することに尽くした。

フセイニーとナチスとの親密な関係については、第二次大戦後、ニュールンベルグ裁判資料、アイヒマン裁判によって明らかな証拠が出てきた。パレスチナにおけるアラブ暴動の資金がナチス親衛隊ＳＳから出ており、親衛隊高官のアイヒマンがパレスチナを訪れ、彼と密かに会い、その後も、ドイツで二人の関係は続いた、等々が判明した。

ヒトラーと会見するフセイニー

フセイニーは、一九四一年、ヒトラーと会見し、以降ドイツにおいて特別待遇を受けて、ベルリンに居住した。戦時中、中東のアラブ人に向かって反ユダヤ・反英活動を指揮する。ユダヤ人を殲滅《せんめつ》せよとの謀略放送を流し、カイロ占領を目指すロンメル将軍の戦車隊の勝利を前提に、ドイツがパレスチナを占領支配することを予期して、ユダヤ人絶滅収容所設立を計画した。

また、ドイツのために、彼がバルカン半島ボスニアのイスラム教徒をリクルートして組織した親衛隊「山岳部隊」

は、かの地のユダヤ人抹消のために努力した。

戦後、ユーゴスラビアは、フセイニーをナチス戦犯に指名したが、彼はフランス経由で逃亡し、エジプトに亡命した。彼は英雄として迎えられた。連合国は、なぜかそれ以上、追跡しなかった。アラブ民族主義の英雄を戦犯として扱うことの政治上の損得を計算した上の配慮であろう。

エジプトに亡命中も

エジプトにおいて、フセイニーは、一九四八年、イスラエル国家との戦争を奨励した一人であった。イスラエル国の存立にちょっかいを出し続け、一九五一年、イスラエルとの単独和平に傾きかけたヨルダンのアブドゥーラ国王暗殺にも関わった。ヨルダンの新国王フセインは、フセイニーのエルサレム帰還（当時ヨルダン領であった）を許さなかった。彼がどんな男かよく分かっていたからである。

こうしてハジ・アミン・アル・フセイニーは、生涯、過激な反ユダヤ主義者として過ごしたが、一九七四年、流浪の地で世を去る。シオニズム国家を破壊するという彼の〝理想〞はならなかったが、ユダヤ憎悪とテロに関する後継者を得ることには成功したようである。

彼の甥《おい》、モハメッド・アベデル・ラーマン・アブデル・ラウフ・アラファト・アス・クドワ・アル・フセイニーという男が、パレスチナ・アラブ人の指導者の地位についた。その人物は他ならぬ、通称ヤセル・アラファトであり、イスラエルへのテロ活動の首謀者として生きた（ただし彼の伝記作家の中には「甥」でないとの異説を唱える人もいる）。アラファトは、フセイニーの信条と行動への賛美を否定してはいなかった。

あとがき

「シオンに帰って、民族郷土を建てよう」というシオニズムは、一九四八年のイスラエル独立宣言をもって一応目標を達成した。その約五十年前に、ヘルツェルが預言したとおりだが、「だれも信じないだろう」と彼は日記に記した。当時の常識ではそのとおりだった。これはユダヤ民族にとって、まさに二千年ぶりの祖国回復であり、大きく祝賀するに値する偉業である（詩編一二六・二）。筆者自身は、この建国史を、いたるところで神の導きを感じさせる、詩編のような一大叙事詩として読む。

本書は、イスラエルの独立六十周年に当たる二〇〇八年から、隔月刊誌「みるとす」に連載した記事をまとめて、若干の修正と加筆のうえ刊行したものである。

イスラエル独立については、それを米国、ソ連は直ちに承認したが、アラブ諸国は認めず、武力で抹殺しようと大軍をもって攻撃した。米国でもトルーマン大統領の意向に反する勢力が大勢いた。今日においても、イスラエル国の存在を認めないイスラム諸国があり、パレスチナ人はイスラエル独立の日をナクバ（大惨事）と呼んでいる。歴史が政治的利益のために真実が歪められて、利用されることはよくあることで、歴史の事実が仔細に明らかにされるならば、一種の政治的宣伝の神話にすぎないことが判明する。歴史というものは、スローガンで簡略化されると、なんとでも変えられるものだ。

まえがきにも書いたように、イスラエルの建国に参画したユダヤ人の生き様、行動を通して、国家再建までの歩みを描こうとした。歴史というと堅苦しいが、本書のかたちを人物による歴史物語にしたのである。喜びや悲しみも書いた。年代や細かい地名にも目配りして、細部を大事にしたので、カタカナの固有名詞が多くてわずらわしく、読みにくいと思われる向きもあろう。しかし、「神は仔細に宿る」との表現があるように、ノンフィクションの真実性はそこから立ち現れると信じる。

虐《しいた》げられたユダヤ人を解放しようとした、かつての預言者モーセにも喩《たと》えられるようなヘルツエルの叫びに、シオニズムの旗の下にはせ参じたのは、少数の人々だった。それは少数精鋭の、命をも捧げて厭《いと》わぬパイオニアだった。実際に、トルコ領土のパレスチナに帰って開拓を担って、祖国再建に勤《いそ》しんだ人たちの苦労は並大抵ではない。実際、若者たちが命を失った。

シオニズムはまだその目標を達成していないと言われる。そのとおり、シオニストの理想は一九四八年で完成したわけでない。近隣との平和はいまだ遠い。「イスラエルが諸国民の光」となるという使命、つまり世界の中で最も道義的で文化的貢献をめざす精神国家の理想も掲げられたが、いまだその水準に達していないと、彼ら自身が言っている。

シオニズムは、ユダヤ教にも革新と再考をつきつけている。宗教シオニストのラビ・クックは、「聖なる地に、聖なる民が帰り、聖なる書『トーラー』を生きる」ことこそユダヤ教の完成だと教えたが、世界のディアスポラ（離散）ユダヤ社会は、多くの民がイスラエルに帰還していない。ユダヤ教は、イスラエルの外と内と二極化の問題に直面している。

イスラエルの建国についての最大の非難は、ユダヤ人がパレスチナ人の土地を奪い、追い出して、国を創ったという誤解に満ちた主張である。本書を読んでいただければ、それが嘘であることがわかる。オスマン・トルコ時代や英国委任統治時代において独立した民族単位パレスチナも、かつて政治的に独立したパレスチナ国家もなかった。イスラエル建国前のアラブ人の民族主義運動は、一九五〇年代以降のイスラエル・パレスチナ紛争に引き継がれ、専らテロリズムに終始してきた。〔補足〕に書いたように、ユダヤ憎悪の反ユダヤ主義者フセイニーによって指導権を握られたのが、アラブ人自身にも大変な不幸であった。もしアラブ・ユダヤ協調のファイサル王やアラブ穏健派有識者が指導権を取っていたら、今とは全く違う歴史的展開になってパレスチナ国家は出来ていただろうと、惜しむ声は少なくない。

本書では詳しく触れていないが、ユダヤ人側にも将来における民族対立の可能性を早くから指摘した思想家ジャボチンスキーがいたし、労働シオニストとは異なる立場でアラブとの協同を唱えた哲学者マルティン・ブーバーらのシオニズムもあったことを付言しておく。

イスラエル国家は、幾多の挑戦を乗り越えて、独立を守り、更なる経済発展を遂げてきている。その達成に称賛を惜しまない。同時に難しい課題も尽きないと言える。今、長くポスト・シオニズムと言ってシオニズムに批判的だったイスラエルの歴史研究家にもシオニズムへの新たな関心と見直しが起きつつあるという。建国後の歴史について書く機会を待って、本書のあとがきを終えたい。

二〇一〇年八月二十六日

河合一充

用語解説

アシュケナジー　東欧のユダヤ人とその子孫。
アフザット・バイト　テルアビブ建設のための組織、住宅取得協会。
アフドゥート　ポアレイ・ツィオンの機関誌。一時ベングリオン編集者となる。
アリヤー　「上る」の意。イスラエルに帰還すること、また帰還の流れをさす。第一から第五まで数えられる。
イェシヴァー　ユダヤ教の高等学院。主にタルムードを学ぶ。
イシューブ　独立前のパレスチナのユダヤ人社会。
イディッシュ語　ドイツ語とヘブライ語の混合語。
イルグン　反主流派の地下抵抗組織。エッツェルともいう。
エッツェル　反主流派の地下抵抗組織。イルグンともいう。
エレツ・イスラエル　「イスラエルの地」の意。パレスチナに対するユダヤ人の呼称。
キブーシュ・ハアヴォダー　「労働の征服」の意。第二アリヤーのモットー。
キブツ　生活と生産、所有が共同化された集団農村。
クブツァー　最初に出来た共同村デガニアの自称。
ゲウラー　「贖い」の意。ユダヤ教における救いの概念。
ゴルドニア　ゴルドンの教えに従うシオニズム青年運動。多くのキブツを作る。
シオニスト委員会　一九一八年英国によって任命され、パレスチナ統治のための諮問の役割をもった。
シオン　聖書において、エルサレムと同義語。さらに、父祖の地全体をさした。

スファラディー　スペイン・ポルトガル系ユダヤ人とその子孫。
世界イスラエル同盟　一八六〇年、中東ユダヤ社会の救済のためにパリで設立された組織。エルサレムにも学校を作る。
セデル　過越しの祭りの第一日目の晩餐。
タルムード　聖書と並ぶユダヤ教聖典。口伝律法の集大成。
血の中傷　キリスト教徒による、ユダヤ人が過越しの祭りにキリスト教徒の子供の血を必要とするために殺人を犯すという中傷。
ディー・ヴェルト　「世界」の意。ヘルツェルの発行した雑誌の名。
ディアスポラ　「離散」の意。イスラエル以外のユダヤ人社会。
ニリ　第一次大戦中に活躍した、ユダヤ人青年による親英スパイ組織。
ハガナー　ユダヤ社会の自衛組織。第一次大戦後ハショメールから発展した。国防軍の前身。
ハシャハル　ウィーンの月刊誌の名。
ハショメール　開拓者の作った自衛組織。
ハツヴィ　ベン・イェフダーの発行したヘブライ語の新聞の名。
ハナディヴ　「援助者」の意。ロスチャイルド男爵の匿名。
ハブラガー　イシューブ主流派の対アラブ自制策。
ハポエル・ハツァイール　「若い労働者」の意。ポアレイ・ツィオンのマルクス主義に反対する労働者の組織。ゴルドンの理念により作られた。
ハルカー　聖地のユダヤ人への慈善、施し。
ハルツィーム　開拓者の意。単数は「ハルーツ」。
バーゼル　第一回シオニスト会議が開かれたスイスの都市名。
バル・ギオラ　一九〇七年、結成された最初の自警組織の名。ハショメールに発展解消する。

パルマッハ　自衛組織ハガナーのコマンド（突撃）部隊。一九四一年に作られた。
ヒスタドルート　労働総同盟。労働シオニストの労働組合。
ヒバット・ツィオン　「シオンへの愛」の意。ピンスケルの組織した入植運動。ホベベイ・ツィオンと同じ。
ビルー　ロシアからの移住者の集団名。第一アリヤーとして帰還。
ヘハルーツ　「開拓者」の意。トゥルンペルドールが組織した青年運動で、パレスチナ入植を目指した。第四アリヤーとなる。
ベイタール　ジャボチンスキーの組織したシオニスト右派青年運動。
ペタフ・ティクバ　「希望の門」の意。パレスチナ最初の開拓地の名。
ホベベイ・ツィオン　「シオンを愛する者」の意。ロシアの初期のシオニスト運動。
ポアレイ・ツィオン　「シオンの労働者」の意。ロシアで一八九七年組織されたシオニスト運動。世界各地に広がる。
ポグロム　ロシアのユダヤ人迫害の暴動。
マクドナルド白書　一九三九年、英植民地相のパレスチナ新政策白書。ユダヤ移民数と開拓地を制限。
マスキリーム　ユダヤ啓蒙主義者。ユダヤ社会の近代化をめざした。
マパイ　一九三〇年創設のイスラエル労働者党。
ミクヴェ　ユダヤ教の清めの儀式のための沐浴場。
ミズラヒ　シオニスト機構の正統派宗教運動の一つ。
ラディーノ語　スペイン語とヘブライ語の混合語。
リション・レツィオン　第一アリヤーが作った最初の開拓村。
レヒ　イルグンから分派した過激地下抵抗組織。

イスラエル建国史　略年表

注・《　》は国際関連の事柄

七〇　エルサレム第二神殿崩壊、ユダヤ人の国を失う
一五一六　《オスマントルコ、パレスチナ支配（〜一九一七）》
一八二七　モンテフィオーレ卿、パレスチナ訪問
一八三四　ラビ・アルカライ、シオンへの帰還を提唱
一八四〇　ダマスカスで「血の中傷事件」起こる
一八六〇　世界イスラエル同盟設立　モンテフィオーレの風車が完成
一八六二　ラビ・カリシャー、『シオンを求めて』出版
一八七〇　ミクヴェー・イスラエル農業学校が創立
一八七三　メア・シェアリーム街がエルサレム城外に誕生
一八七六　《ジョージ・エリオット『ダニエル・デロンダ』出版》
一八七八　ペタフ・ティクバの入植始まる
一八八〇　《ローレンス・オリファント『ギレアデの地』出版》
一八八一　ヘブライ語の父ベン・イエフダー、パレスチナに移住　《ロシア皇帝、暗殺される》
一八八二　第一アリヤー始まる（ビルー、ホベベイ・ツィオンの帰還）
リション・レツィオン開拓村誕生　《ロシアでポグロム頻発する》
一八八七　エドモン・ド・ロスチャイルド男爵パレスチナ訪問

一八九〇　ビルンバウム、用語「シオニズム」を考案
一八九五　ヘルツエル、ドレフュス事件を取材し衝撃を受ける
一八九六　ヘルツエル、『ユダヤ人国家』を著す
一八九七　第一回シオニスト会議、バーゼルにて開かれる
一九〇一　第五回シオニスト会議、ユダヤ国民基金創設される
一九〇二　宗教シオニスト運動「ミズラヒー」結成
一九〇三　第六回シオニスト会議、ウガンダ案で紛糾《ロシア・キシネフのポグロム》
一九〇四　第二アリヤー始まる　ゴルドン、パレスチナに帰還　ラビ・クック、パレスチナに帰還
　　　　　ワイツマン、英国・マンチェスターに移住　ヘルツェル死去
一九〇六　ベングリオン、パレスチナに帰還《徳富蘆花、パレスチナ順礼》
一九〇七　シオニスト機構、パレスチナ事務所開設　ベンツヴィー、パレスチナに帰還
一九〇八　ベン・イエフダーのヘブライ語辞典第一巻、出版される
一九〇九　テルアビブの建設始まる
一九一〇　最初のキブツ、デガニアが創設される
一九一二　トゥルンペルドール、パレスチナに帰還　ヘンリエッタ・ソールド、ハダッサを結成
一九一四　《第一次世界大戦勃発（〜一九一八）》
一九一五　アーロンソン兄妹、秘密組織ニリ結成
　　　　　ユダヤ人軍隊「シオン・ラバ隊」トルコ戦線に赴く
一九一七　バルフォア宣言（十一月二日）　アレンビー英国将軍、エルサレム入城《ロシア革命》
一九一八　ハダッサのシオニスト医療団、パレスチナに到着
一九一九　第三アリヤー始まる（〜一九二三）　ワイツマンとファイサルの会談《パリ講和会議》

一九二〇　トゥルンペルドール、テル・ハイの戦いで戦死　自衛組織ハガナー誕生
英国のパレスチナ委任統治始まる
一九二一　アラブ暴動、ヤッフォで起こる　ゴルダ・メイア、パレスチナに帰還
ユダヤ労働者総同盟（ヒスタドルート）結成
一九二四　第四アリヤー始まる（〜一九二八）ラビ・クック、「メルカズ・ハラブ」設立
一九二五　ヘブライ大学定礎式、エルサレム展望山にて（四月一日）
一九二九　第五アリヤー始まる（〜一九三九）ユダヤ機関設立
一九三一　マクドナルド白書、ユダヤ移民制限
一九三三　アルロゾロフ事件起こる　《ヒトラー、政権を握る》
一九三四　ユース・アリヤー、最初の一団ハイファに到着
一九三六　パレスチナ交響楽団初演、トスカニーニ指揮　アラブ暴動、英政府フセイニーを追放処分
オード・ウィンゲート、特別夜間攻撃隊で作戦指導
一九三七　ピール委員会、分割案（ユダヤ側二〇％）
一九三九　ハンナ・セネッシュ、パレスチナに帰還　マクドナルド白書で移民制限される
《第二次世界大戦勃発（〜一九四五）》
一九四〇　《杉原千畝ビザ発給》
一九四二　ベギン、パレスチナに帰還、イルグンに参加
一九四四　ハンナ・セネッシュ、パラシュート降下し、捕縛され、処刑される
一九四六　キング・デービッド・ホテル爆破事件
一九四七　国連パレスチナ分割案承認決議（十一月二十九日）《ヨルダン、ハシミテ王国独立》
一九四八　イスラエル独立宣言（五月十四日）

索　引

ア行

アーロンソン、アロン　*93-98*
アーロンソン、サラ　*91-98*
アイヒマン裁判　*253*
アヴィネリ、シュロモー　*56-58*
アコルの谷　*17-18*
アシュケナジー　*122,231,234*
アトリート　*93*
アフザット·バイト *124,126,133,137*
『アフドゥート』*73*
アブドゥーラ（トランスヨルダン国王）*164,170,212,254*
アメリカ・シオニスト医療団　*223*
アメリカ・シオニスト機構　*222*
アメリカ・ユダヤ婦人シオニスト組織　*222*
アラファト、ヤセル　*255*
アラブ人との友好関係　*131*
アラブ難民発生　*151*
アラブ反乱　*248*
アラブ暴動　*133*
アラブ民族主義　*131*
アルカライ、ラビ·イェフダー *230*
アルタレナ号　*154*
『アルトノイラント』*56,59,61,126*
アルメニア人虐殺　*91-92*
アルロゾロフ事件　*244,245*
アルロゾロフ、ハイム　*244,245*
アレンビー、エドムンド　*97,111*
イェミン・モーシェ地区　*9,16*
イシャヤ・アジマン　*122*
イシューブ　*69,90,91,98,127,129,211,225,233,234,240*
イディッシュ語　*23,24,35,204*
イトハルタ・デ・ゲウラ　*239*
委任統治 *164,168,171,187,211,217,240*
イフード　*217*
イルグン　*137,138,140,145-154,187*
インバル、ナフタリ・ヘルツ　*194*
ウィンゲート、オード　*197-199*
ウガンダ問題（案）*59,160*
ウム・ジュニ　*74,75*
ヴァイス、アリエ・アキバ　*123*
ヴィルナのガオン　*16*
ヴィルヘルム２世　*55*
エッツェル　*145*
エドワード１世　*187*
エフェンディ（地主階級）*131*
エリオット、ジョージ　*190-191*
エルサレム　*9,10,11,12,14-17,28,30,37-39,97,131,151,165,183,189,215,222,237,240,241,249,251*
エレツ・イスラエル　*118,119*
エレツ・イスラエル事務所　*68,74*
エンカレム　*215*
エン・ガニーム　*84*
オスマン·トルコ　*11,47,53,55,80,90,91,92,94-98,108-111,113,121,161,164*
オデッサ　*42,134,135*
オマル・モスク　*131*
オリファント、ローレンス *192-194*
『オロット・ハコーデシュ』*242*
『オロット・ハテシュヴァー』*241*

カ行

開拓者とは　*112*
カエサリア　*178*

カッツネルソン、ベレル　*77*
カディッシュ　*227*
カニンガム　*171*
カリシャー、ラビ・ツヴィ　*231*
ガリポリ戦　*110,111,116*
キエフ　*203*
キシネフ　*66,134*
キブーシュ・ハアヴォダー　*83*
キブツ・エンハロデ　*227*
キブツ・ヘフツィバ　*129*
キブツ・メルハビア　*207,208*
キング・デービッド・ホテル　*150*
『ギレアデの地』*192*
ギンズバーグ、ルイス　*220,221*
クック、ラビ・アブラハム・イサク　*229-246*
クック、ラビ・ツヴィ　*241,243*
クパット・ホリーム　*224*
クファル・サバ　*69*
クファル・ギルアディ　*113,114*
クレメンツキー、ヨナ　*64*
クロムウェル　*188*
グットマン、ダヴィッド　*17*
グリーベ　*236*
グリーン、ダヴィッド　*69*
グレボキ　*232*
ケレン・カイエメット　*54,64*
ゲウラー（贖い）*45,230,231,239*
ゲデス、パトリック　*135,136*
国連パレスチナ分割案　*57,153,159,165-167,211*
ゴールデンブック　*64*
『ゴルダ・メイア回想録』　*213*
ゴルドニア　*86*
ゴルドン、アーロン・ダヴィッド　*77,79-86,205*

サ行

サダト大統領　*140*
薩摩藩留学生　*192*
サミュエル、ハーバート　*132,250*
サラエボ　*230*
サロモン、ヨエル・モーシェ　*17*
ザングウィル、イスラエル　*50,53*
シェイナ　*203,205,206*
シェミター（安息年）*239*
シェリフ・フセイン　*248*
シオニスト委員会　*99*
シオニスト会議　*35,106*
シオニスト機構　*68,127,170*
シオニスト修正派　*140*
シオニズム運動　*21,50,60,61,63,80,*
シオニズム運動（日本での）*104*
シオニズムと行動　*47*
シオニズムの父　*25*
シオニズムの定義　*10,11,38,63*
シオン　*10,38,246*
シオン・ラバ部隊　*110,111*
シャアレイ･ツィオン病院　*122*
シャアレイ・ツェデク病院　*222*
シャガール、マルク　*26*
シャレット、モーシェ　*77*
シャロン、アリエル　*26*
『収容所群島』　*144*
シュテルン、アブラハム　*147,152*
ショーレム・アレイヘム　*24*
ショハット、イスラエル　*72*
シルバー、アバ・ヒレル　*154*
『新世界と日本人』　*192*
ジャボチンスキー、ゼエブ　*109,116,141,146*
『順礼紀行』*120*
ジョージ、ロイド　*97*

ジョンソン、ポール *190*
『自力解放』*42,219*
『人類の星の時間』*158*
スタフスキー、アブラハム *244*
スタンファー、ヨシュア *17*
スデーボケル *74*
スドット・ヤム *178*
スファラディー *28,122,230,234*
スモレンスキン、ペレツ *193*
ズィフロン・ヤアコヴ *46,93,101*
世界イスラエル同盟 *29,39*
世界シオニスト機構 *223*
セジェラ *70-72*
セネッシュ、ハンナ *173-183*
ソールド、ヘンリエッタ *215-228*
ソコロフ、ナフム *126*
ソルジェニーツィン *144*

タ行

第１アリヤー *31,47,66,67,70,80,82,98,122,194,233*
第２アリヤー *35,63,67,69,80,83,84,108,122,124*
第３アリヤー *112,128,164,250*
第４アリヤー *129,130*
第５アリヤー *135,136*
第１回シオニスト会議 *54,56,58,63,159,196*
第５回シオニスト会議 *64*
第６回シオニスト会議 *59*
第１次世界大戦 *67,90,101,127,192,239*
第２次世界大戦 *143,152,165*
『ダニエル・デロンダ』*191*
ダフネ、ルーベン *181*
ダマスカス迫害事件 *13,39*
ダヤン、モーシェ *198*
チェンバレン *55*
血の中傷 *13,66*
チャーチル、ウィンストン *162*
ツヴァイク、ステファン *158*
ツファット *11*
ティベリア *11,70*
テヘラン・チルドレン *227*
テルアビブ *35,91,113,117,118,126-138,153,170,207,236,244*
テルアビブの命名 *126*
テルアビブ美術館 *138,171*
テル・ハイ *113-116*
『ディー・ヴェルト』*54,64*
ディーゼンゴフ、メイール *133-137*
ディケンズ、チャールズ *190*
ディズレーリ、ベンジャミン *189*
デイル・ヤシン事件 *150*
デガニア *76,77,84-86,108,208*
デボラ（ベン・イェフダーの妻） *26,28,29,32-34*
トゥルンペルドール、ヨセフ *77,103-116,128*
徳富蘆花 *120,123*
トスカニーニ *137*
トルーマン大統領 *165*
トルストイ主義者 *106*
トルン *231*
トロヤノフ *81*
独立宣言 *159,171,213*
『ドリシャット・ツィオン』*231*
ドレフュス事件 *51,52,194*

ナ行

ナオミ・シェメル *85*
ナトレイ・カルタ *240*

日露戦争　66, 103,104,116,194
ニュールンベルグ裁判　253
ニリ　89,92-101
ネグバ　116
ネゲブ　167
ネタニヤフ首相　36
ネッテル、カルル　39-41
「ノイエ·フライエ·プレッセ」50
ノルダウ、マックス　53

ハ行

ハーヴァード大学　189
ハーグ　58
ハイファ港　171,178,180,197
ハガナー　133,137,145,150-152,170,173197,198,199,212
『ハシャハル』27,193
ハショメール　72,93,108,145
ハショメール・ハツァイール　141
ハスカラー　24
ハダッサ　215,222-224
ハダッサ・メディカル・センター　215
「ハツヴィ」30
ハティクヴァ　123,167,227
ハデラ・コミューン　74
ハナディヴ　44,46
「ハハバツェレット」30
ハバット・キネレット　74
ハブラガー（自制策）146
ハポエル・ハツァイール　83
浜寺捕虜収容所　104
ハミルトン卿　110
ハルーツ　128,130
ハルカー　12,17,39,225
『反乱』151
バーアド・ハポエル　170
バーアド・レウミ　224
バーゼル　54,55,57
バーゼル綱領　55,63,164
バイロン　190
バウハウス　137
バルイラン、メイール　236
バルイラン大学　236
バル・ギオラ　71,72
バルコフバ　71
バルフォア、アーサー・ジェームズ　163,191
バルフォア宣言　113,146,159,164,191,239,247,248
パイオニア・ウーマン　210
パインズ、マイケル　30
パターソン、ジョン・ヘンリー　110,111
パラシュート部隊　174,180,183
パルマッハ　173,174,179
パレスチナ交響楽団　137
パレスチナ事務所　68
パレスチナの性格　120
パレスチナの地理的名称　118,119
パレスチナ問題　131,247
パレスチナ問題特別委員会　165
ヒスタドルート　116,137,169,209,225
ヒトラー　54,92,132,211,253
ヒバット・ツィオン　43
『評伝マルティン・ブーバー』197
ヒルシュ男爵　52
ビアリク　246
『白夜のユダヤ人』144
ビルー　31,67,193
ビルンバウム、ナタン　11

ピャチゴルスク　*105*
ピューリタン　*188,196*
ピンスク　*203*
ピンスケル、レオン　*42,43,219*
ファイサル（イラク国王）*248*
ファインベルグ、アブシャロム　*94-96,100*
フセイニー、ハジ・アミン・アル　*132,197,247-255*
フセイン（ヨルダン国王）*254*
フライアー、ラハ　*226*
フランクフルター、フェリックス　*248*
フルダイ、ロン　*117,135*
ブーバー、マルティン　*50,54,129,197,217*
ブタペスト　*49,175*
ブネイ・アキバ　*233*
ブラウニング、ロバート　*190*
ブルーボックス　*65*
ブルム、レオン　*167*
ブルンネル、ヨセフ・ハイム　*84*
ブレスト・リトフスク *141,142*
プリマス兄弟団　*199*
プレーベ・ロシア内相　*55*
プロンスク　*69,159*
ヘクラー、ウィリアム　*194-197*
ヘハルーツ運動　*107,111,130*
ヘブライ語の日　*36*
ヘブライ大学　*160*
『ヘブライの旋律』*190*
ヘブロン　*11*
ヘムダ（ポーラの改名）*34,35*
ヘルツェル、テオドール　*11,21,25,35,48-61,63,89,106,126,127,135,139,159,160,164,167,176,194-196,203,219,232*
ヘルツェルの丘　*183*
ヘルツェルの日記　*56-59,195*
ヘルツリア高等学校　*117*
ベイタール　*116,141,142*
ベイト・タナフ　*138*
ベギン、メナヘム　*139-155*
ベハール、ニッシム　*29*
ベルリン、ラビ･ナフタリ･ツヴィ・イェフダ　*236*
ベン・イェフダー、エリエゼル　*21-36,191*
ベングリオン、ダヴィッド　*26,60,72-74,80,138-140,146,152,154,157-159,161,165,168,169,202,208,212,213*
ベングリオン、ポーラ　*161*
ベン・シェメン　*65*
ベン・ツィオン　*32*
ベンツヴィー、イツハク　*71,73,74,161*
ペタフ・ティクバ　*17-19, 40,41,46,67,69,80*
ペトロ岐部　*120*
ペレス、シモン　*26*
ホベベイ・ツィオン　*41,53,67,82,193,232*
ボロズィン･イェシヴァー *232,236*
ポーラ（ベン・イェフダーの妻）*26,34*
ポアレイ･ツィオン　*68,69,72,73,83,161,203,206*
ポグロム　*41,66,71,103,197*

マ行

マクドナルド白書　*146*

マグドノー将軍 *99*
マグネス、ユダ *217*
マスキリーム *24,26*
マパイ党 *169*
ミクヴェー・イスラエル農業学校 *40,41,46*
ミシュケノット・シャアナニーム *15*
ミシュマル・ハエメク *116*
ミズラヒー *232*
六日戦争 *100*
メア・シェアリーム *16*
メイア、ゴルダ *170,201-213,216*
明治天皇 *194*
メイヤーソン、モリス *206-209,213*
メシア *10,48,60*
メルカズ・ハラブ *241*
モーセ *22,48,60,61,159*
モエツェット・ハポアロット *209*
モサッド・ハラブ・クック *241*
モシャブ *130*
モシャブ・ナハラル *178*
モトル *159*
モヒレバー、ラビ・シュムエル *193,232*
モンテフィオーレ、モーゼス *12-17,39*

ヤ行

ヤッフォ *18,32,40,43,69,90,118-123,125,127,128,133,237*
ヤディン、イガエル *171*
ユース・アリヤー *216,217,225-227*
ユダ・トゥーロ *15*
ユダヤ機関 *151,169*
ユダヤ国民基金 *64,65,68,74*
ユダヤ出版協会（ＪＰＳ）*219-221*
ユダヤ神学校（ＪＴＳ） *220*
『ユダヤ人国家』*25,53,195,219*
『ユダヤ人の伝説』*220*
『ユダヤ人の歴史』*190*
ユダヤ旅団 *109*
ヨム・キプール戦争 *157*
ヨム・ハミシュパハ *228*

ラ行

ラディーノ語 *23*
『ラビ・ベン・エズラ』*190*
ラファフ *100*
ラヘル（詩人）*85,205*
リクード *141*
リシャンスキー、ヨセフ *95,96,98,100,101*
リション・レツィオン *32,43-45,67,69,80*
ルツキ *25*
ルピン、アルトゥール *68,74-76*
レハビア高等学校 *73*
レヒ *148,152*
レホボット *83,166*
ローシュ・ピナ *93*
ローレンス、アラビアの *248*
労働総連盟→ヒスタドルート
ロスチャイルド、エドモン・ド *34,44-46,47,52,53,67,80,134,194*
ロスチャイルド、ネイサン *12,13*
ロスチャイルド家（英国）*163,189*
ロンメル将軍 *253*

ワ行

ワイツマン、ハイム *60,99,158-163,166,248*

● 著者紹介
河合一充（かわい　かずみつ）
1941年愛知県生まれ。ミルトス編集代表。1965年東京大学理学部卒業。同大学院修了後、学習院大学数学科助手。1972年ＵＣＬＡでPh.D.取得。1978年エルサレムに語学研修留学。1985年ミルトス創設に関わり、現在に至る。
著書に『日本とユダヤ　その友好の歴史』（ベン・アミー・シロニー共著）、訳書に『タルムードの世界』、『ユダヤ人の歴史』、『死海文書の研究』、『評伝マルティン・ブーバー』ほか。

イスラエル建国の歴史物語　願うなら、それは夢ではない

2010年9月15日　初版発行

著　者　河　合　一　充
発行者　河　合　一　充
発行所　株式会社　ミ　ル　ト　ス
〒102-0073　東京都千代田区九段北1-10-5
九段桜ビル2F
TEL 03-3288-2200　FAX 03-3288-2225
振替口座　００１４０-０-１３４０５８
http://myrtos.co.jp　pub@myrtos.co.jp

印刷・製本　シナノ印刷（株）　Printed in Japan　ISBN 978-4-89586-034-5
定価はカバーに表示してあります。